F. W. Paul Lehmann

Japan

weitsuechtig

F. W. Paul Lehmann

Japan

ISBN/EAN: 9783943850734

Auflage: 1

Erscheinungsjahr: 2013

Erscheinungsort: Bremen, Deutschland

@ weitsuechtig in Access Verlag GmbH, Fahrenheitstr. 1, 28359 Bremen. Alle Rechte beim Verlag und bei den jeweiligen Lizenzgebern.

weitsuechtig

F. W. Paul Lehmann

Japan

Ferdinand Hirt in Breslau
1925

VORBEMERKUNG

Vor etwa 25 Jahren versuchte ich in engem Rahmen (auf 30 Seiten in „Außereuropa", Bd. 11 vom „Hausschatz des Wissens" bei Neumann-Neudamm) ein Bild von dem Lande und der Kulturentwicklung der Japaner zu geben. Ein hervorragender deutscher Forscher schrieb mir, ich habe für die Bewohner „des ganz als Großmacht behandelten Landes" augenscheinlich „sehr viel übrig", während mir einige Jahre später zwei japanische Gelehrte, die an Stettins Bildungsstätten Umschau hielten, andeuteten, daß ich bei dem anerkennenswerten Streben, gerecht zu sein, doch hin und wieder ihren Ansprüchen nicht völlig Genüge getan habe. Auf ähnliche Meinungsverschiedenheiten über mein „Japan" bin ich gefaßt. Ohne eine Vorliebe für Land und Leute hätte ich mich nicht an die Abfassung des Büchleins gemacht; für Schwärmerei bin ich zu alt. Ich war bestrebt, unter Vermeidung aller Kunstausdrücke und moderner Schlagworte und Wortkleistereien so einfach und klar zu schreiben wie möglich, als gälte es, am späten Abend des Lebens noch einmal das Wohlwollen Moltkes zu erwerben, der vor fast fünfzig Jahren zu meiner größten Freude und Überraschung für meine geographische Erstlingsschrift, die ihm ohne mein Zutun in die Hände gekommen war, so gütige Worte warmer Anerkennung fand.

Die Schreibung der japanischen Eigennamen ist nicht konsequent durchgeführt, sie folgt — abgesehen von den bei uns völlig eingebürgerten Namen wie Kioto und Tokio — meistens der von den Japanern bei Gebrauch des lateinischen Alphabets gewählten Schreibweise, ohne auf das ihnen fremde „sch" zu verzichten.

Leipzig, im November 1924.

F. W. Paul Lehmann.

INHALTSÜBERSICHT

I. Physiographie

Seite

Bau und Bodengestalt nebst Hinweis auf kartographische Darstellung	7
Vulkane, heiße Quellen, Erdbeben	12
Klima, Flüsse, Seen	16
Flora und Fauna	20
Die Japaner	25

II. Kulturgeographie

Rückblick auf Altjapan	30
Umwandlung Japans in einen modernen Staat	37
Volksdichte, Siedelungen, Ackerbau, Fischfang, Waldwirtschaft	43
Bodenschätze	51
Industrie	53
Verkehrswesen und auswärtiger Handel	56

III. Die Landschaften Altjapans und des Hokkaido

Kiuschiu mit den Riukiuinseln und Schikoku	61
Die Inlandsee und die angrenzenden Teile Hondos	66
Mittelhondo, Nordhondo, der Hokkaido, Kurilen	74

IV. Die Kolonialländer

Sachalin oder Karafuto	91
Korea oder Tschosen	92
Kwantung	101
Formosa oder Taiwan	102
Die japanischen Südseeinseln	107
Japaner im Ausland	109

V. Schlußbetrachtung 111

Literatur	114
Namen- und Sachregister	116

ERSTER ABSCHNITT

Physiographie

*

Bau und Bodengestalt nebst Hinweis auf kartographische Darstellung

Der auffallendste Zug im Antlitze Ostasiens sind jene Randmeere, welche umsäumt werden von Inselgirlanden. Unter den Gliedern dieser Inselketten ragen die japanischen hervor, die zwischen der über 3000 m tiefen Japansee und dem über 8000 m tiefen „Graben" des Großen Ozeans einen flach gewölbten Sockel krönen. Warum sich die an Größe und Bau so verschiedenen Inselbögen an ihrem Platze befinden müssen, das wissen wir nicht. Man hat sie nach einem von Richthofen geprägten Ausdruck vielfach bezeichnet als „Zerrungsbögen", als den gezerrten und daher von Eruptivbildungen vielfach durchbrochenen Rand der tiefsten Staffel des treppenförmig zu den Abgründen des Großen Ozeans absinkenden Hochlandes von Asien; man ist jetzt vielfach geneigt, sie anzusehen als die auf dem schwereren plastischen Untergrund abgeschwommenen Schollen der festen Erdkruste.

Seiner Lage verdankt Japan das bevorzugte Klima. Die reichgegliederten tropischen Philippinen sind nicht die Heimat eines großen Kulturvolkes geworden, und bei einer Vertauschung der Plätze zwischen den das Beringmeer umfangenden Aleuten und den großen Inseln vor dem Japanischen Meer wüßte die Geschichte nichts von einer Weltmacht mit den Städten Tokio und Kioto.

Japan genießt wie England die Vorzüge eines reichgegliederten, dem großen eurasischen Festlande nicht allzu fernen Inselreiches; es hat auch wie England den Vorteil gehabt, daß es inmitten seiner

Inselwelt ein Hauptland gab. Wäre das Areal der drei großen Inselbögen von der Südspitze Kamtschatkas bis Formosa mit seinen 380 000 qkm auf die 4000 Inseln und Inselchen gleichmäßig verteilt, dann wäre der Schwarm ozeanischer, 90—100 qkm großer Inselkörper schwerlich zu einer starken staatlichen Einheit geworden. Andererseits wäre Japans Entwicklung sicher zurückgeblieben, wenn nicht die herrliche inselreiche japanische Inlandsee auf 460 km Länge mit ihren Buchten und Becken ein so belebendes Betätigungs- und Verbindungsglied zwischen den Gauen der einzelnen Stämme gewesen wäre, wenn statt der drei so eng miteinander verknüpften Inseln Kiuschiu, Schikoku und Hondo ein großes, durch Gebirge in kleine, schlecht verknüpfte, vom stürmischen, nicht verkehrsfreundlichen Ozean umflutete Tallandschaften geteiltes Land der Neigung zur Zersplitterung in kleine und kleinste Fürstentümer Vorschub geleistet hätte. Es kommt wenig auf eine Ziffer für die ,,Insulosität" der Inlandsee an, wenig, ob 120 oder mehr als 300 Inselchen aus ihren vor den stürmischen Bewegungen des Ozeans geschützten und doch mit ihm verknüpften Fluten hervorragen, es kommt noch weniger auf eine Zahl für die oft mit der Küstenlänge verwechselte Küstenentwicklung des gesamten Hondo an und ebensowenig, ob Jesso das $2^1/_2$- oder $4^1/_2$ fache des geringsten möglichen Küstenumfanges für ein Land seiner Größe besitzt. Ob Sachalin eine Insel oder eine Gruppe von Inseln oder eine Halbinsel ist, hat für Japans Entwicklung, mögen auch einst die Ainu über sie nach Hondo gekommen sein, nicht viel zu bedeuten, höchst wichtig aber ist das Vorspringen Koreas gegen die Koreastraße, aus der die Inseln Tsuschima und Iki hervorragen, von denen schon im 7. Jahrhundert nach Japan signalisiert wurde, ob größere oder kleinere Geschwader von Schiffen herannahten. Tsuschima ist Wegweiser nach Japan für die Kulturträger des früheren Mittelalters, und seine Umgebung war in verschiedenen Zeiten der Schauplatz denkwürdigster Ereignisse.

Das bunte und farbenreiche Bild der geologischen Übersichtskarte Japans, welche die geologische Reichsanstalt (K. Inouye) 1911 im Maßstabe 1 : 2 Millionen herausgab, läßt auf verwickelten geologischen Bau und unruhiges Relief schließen; ein vergleichender Blick auf Spezialkarten, etwa das Blatt Schobara (im Nordwesten von Okayama) 1 : 75 000 vom Jahre 1921, verstärkt den Eindruck und bringt uns zum Bewußtsein, daß eine gute Veranschaulichung des Formenreichtums japanischer Hügel- und Berglandschaften an Akribie und Geschick der Darsteller große Anforderungen stellen muß. Eine Karte ihres Landes hatten die Japaner, denen Missionare das Verständnis für astronomische Ortsbestimmungen erschlossen hatten, und denen später die Holländer einen Globus (1742) und primitive Instrumente für Landesvermessung lieferten, schon vor dem Beginn der neuen Ära angefertigt. Veranschaulichung des reichgegliederten Bodenreliefs darf man von dem 1795 bis 1814 durchgeführten Kartenwerk natürlich nicht erwarten. Eine geologische Landesaufnahme, verbunden mit topographisch-kartographischen Vorarbeiten, leitete 1879—84 der aus Deutschland berufene Dr. E. Naumann, in dessen Fußtapfen dann Japaner traten. Schon Naumann (Pet. Mitt. Ergänzungsheft 108) und nach ihm andere haben Höhenschichtenkarten von Japan veröffentlicht. Als Grundlage für die 1902 in Tokio veröffentlichte Geological Map 1 : 1 Million erschien 1899 die Topographical Map of Japanese Empire 1 : 1 Million mit Höhenkurven von 100 m Abstand für die Niederung und 200 m für das noch vielfach ungenügend durchforschte Hügel- und Bergland. Eine hypsometrische Nebenkarte (1 : 5 Million), die das Relief mit Ausscheidung des Tieflandes bis zu 100 m in farbig verschiedenen Höhenstufen von je 500 m zur Darstellung bringt, bildet mit Hassensteins Atlas von Japan 1 : 1 Million (Gotha 1887) die Grundlage für die Karte von Reintgen, die Rein dem Bd. I der Neuauflage seines „Japan" beigegeben hat. Sie kann noch heute, zumal da die Terraindarstellungen Japans in den neuen Ausgaben von Stielers und Andrees Handatlas zu wünschen übriglassen, zur Vermittlung einer ungefähren Totalvorstellung von Japans Bodengestalt dienen, wenn sie auch selbstverständlich noch vielfach der Berichtigung bedarf. Gilt doch dasselbe für die älteren Ausgaben der japanischen amtlichen Karten im Maßstabe 1 : 400 000 und 1 : 200 000 mit Höhenkurven von 40 m Abstand. Wer z. B. die Ausgaben des Blattes Nikko (1 : 200 000, Zone 12, Kol. XII) der Jahre 1889 und 1921 miteinander vergleicht, findet, daß der Hauptgipfel des Akagisan von 1893 auf 1828, sein Nebengipfel Jizo von 1842 auf 1673 herabgesetzt, der Shirane, in dessen näherer und weiterer Umgebung die Seen veränderte Umrisse zeigen, von 2286 auf 2577 erhöht ist. Von einzelnen Landesteilen sind geologische und topographische Blätter in Maßstäben von 1 : 50 000 und 1 : 75 000 erschienen, topographische Spezialblätter 1 : 20 000 mit Abständen der Höhenkurven von 5 m sind für die Umgebungen wichtiger Garnisonstädte hergestellt. Haushofer (Mitt. d. Geogr. Ges. München, 1914) rühmt als kompetenter Beurteiler ihre Zuverlässigkeit, auf Anschaulichkeit aber darf das von ihm als Muster japanischer Landesaufnahme veröffentlichte Blatt keinen Anspruch machen.

Es gibt auf dem Japanischen Inselbogen kein Hochland und keine Ebene, die von Meer zu Meer reicht, es gibt auch keine das Rückgrat der Hauptinsel bildende Gebirgskette. Kurze Kämme, geschluchtete Massive, vielgestaltige Gebirgsgruppen, stattliche Bergkegel überragen die kleinen, unregelmäßig verteilten Ebenen des zu einem Drittel unterhalb der Höhenkurve von 100 m über dem Meeresspiegel gelegenen Insellandes. Die größte Ebene umgibt den Norden der Bucht von Tokio, und die größten Erhebungen erfüllen die Mitte der Hauptinsel. Vom ragenden Gipfel des Fudschi (3778 m) schweift der Blick im Nordwestquadranten über Täler und Höhen zu Hochgebirgen, deren Zinnen mehrfach 3000 m überragen. Schikoku und Jesso haben Gebirgsgipfel von mehr als 2000 und sogar 2300 m, Erhebungen zwischen 1500 und 2000 m fehlen im Rahmen keiner größeren japanischen Landschaft. Vom Südwesten Kiuschius bis hinauf zum Nordosten Jessos fehlen dem vulkanreichen japanischen Inselbogen auf der dem Großen Ozean zugekehrten konvexen Seite mit einer Ausnahme die vulkanischen Erscheinungen gänzlich. Diese Ausnahme bildet die auffallende Störungszone, welche die Mitte Hondos durchquert, die vielgedeutete Fossa magna E. Naumanns. Aus ihren mit tertiären und jüngeren Bildungen bedeckten Niederungen tauchen eruptive Bergmassen hervor, alle überragend der gewaltige Fudschi und in seiner Nähe die Halbinsel Idsu, von der sich mit größeren und geringeren Abständen eine Kette vulkanischer Inseln bis zum Südende der Marianen erstreckt.

In Nordhondo ist das durch einen schmalen Streifen tertiären Vorlandes vom Ozean getrennte Abukumagebirge ein alter Gneisrumpf, das nördlich der Sendaibucht gelegene Kitakamigebirge mit kleinen riasartigen Meeresbuchten eine von Graniten durchragte alte Schiefermasse, ebenso wie das in Jesso nach Südosten vorspringende stattliche Hidakagebirge.

Von Kiuschiu streicht durch Schikoku und die Halbinsel Kii, jenseits der Owaribucht nach Norden umbiegend, bis an die Fossa magna eine Zone alter Schichtgesteine verschiedentlich als Mantel der besonders in Schikoku hervortretenden Kämme kristallinischer Schiefer. An- und aufgelagert sind ihnen nach dem Ozean zu jüngere, dem geologischen Mittelalter und dem Tertiär angehörige Bildungen, vereinzelt durchragt von granitischen und porphyrischen Kuppen.

Auf der inneren Seite des Inselbogens sind die Schichtgesteine aus dem Altertum und Mittelalter der Erdgeschichte in großer Ausdehnung durchbrochen von älteren Erstarrungsgesteinen und, wo sie nicht durchbrochen, sondern emporgehoben waren, durch die Denudation weggeschafft. Granite und Porphyre nehmen zwischen der Inlandsee und dem Japanischen Meere und in den Hochgebirgen westlich der Fossa magna mehr als die Hälfte der Oberfläche für sich in Anspruch, Tertiär ist in vielen kleinen Becken und besonders auf der Halbinsel Noto von Bedeutung, jüngere Eruptivbildungen sind an verschiedenen Stellen in der Nähe der Küste sowohl als auf den Höhen des mächtigen Hidagebirges emporgequollen, vornehmlich aber in Kiuschiu in dem Grenzgebiet der beiden im vorhergehenden skizzierten Zonen, das auf jedem Übersichtskärtchen durch die Meeresbuchten der Umgegend von Nagasaki und die Becken der Inlandsee gekennzeichnet ist.

Im Nordwesten Hondos sind bis über den 37. Grad nördlicher Breite hinaus alte Gebirgsrümpfe nicht nur von älteren Eruptivgesteinen durchsetzt, sondern auch vielfach unter jüngeren und jüngsten Laven und Aschen begraben. Je mehr wir nach Norden kommen und über Hondo hinaus bis in die hakenförmige Südwesthalbinsel Jessos gelangen, um so mehr verschwinden die Buckel von Graniten und alten Schichtgesteinen unter den Deckschichten tertiärer und jüngerer Bildungen, über welche, das Landschaftsbild beherrschend, die Kegel rauchender und erloschener Vulkane hervorragen.

Die japanischen Inseln wären auch ohne die vielen Vulkane ein gebirgiges Land, aber wesentliche Züge erhalten viele Landschaften doch erst durch die etwa ein Fünftel des Areals bedeckenden, aus dem Schoße der Erde emporgedrungenen Massen. Sie sind nicht, wie in manchen Gebieten Indiens und Nordamerikas, auseinandergeflossen zu breiten Decken, sie haben Berge aufgetürmt durch übereinander geschichtete erstarrte Lavaströme und Aufhäufung lockeren zerriebenen Gesteinsmaterials. Wir sehen die Vulkane mehr oder weniger deutlich in Zonen aneinandergereiht, deren Verlauf wahrscheinlich bedingt ist durch Spalten oder Sprünge der festen Erdkruste. Der Verlauf der meist jeder Beobachtung entrückten Spalten ist natürlich problematisch. Sappers Darstellung weicht von der Richthofens und anderer Geologen aus guten Gründen erheblich ab, soll hier aber weder als „der Weisheit letzter Schluß" empfohlen, noch in Einzelheiten benörgelt werden. —

Vulkane, heiße Quellen, Erdbeben

Die Zahl der Vulkane wird sehr verschieden angegeben. Friedländer, der 22 bestiegen hat, zählt nach der von japanischen Gelehrten auf einer Nebenkarte der Geological Map von 1901 (1 : 1 Mill.) zusammengestellten Übersicht für die Hauptinseln mit den kleineren Nebeninseln, den Kurilen und den Riukiu 59 tätige und 106 ruhende Vulkane. Sorgfältige Zusammenstellungen können selbst auf gut durchforschtem Gebiet verschiedene Ziffern liefern, je nachdem z. B. die benachbarten Krater auf der Höhe des Ontake einzeln gezählt oder zu einer Einheit zusammengefaßt werden; ruhende Vulkane, d. h. solche ohne geschichtlich beglaubigte Ausbrüche, haben (wie einst der Vesuv!) ihre Anwohner schon mit verheerenden Ausbrüchen heimgesucht. So galt in Japan der Bandaisan im Norden des Iwanaschirosees unweit des 38. Breitengrades lange für einen erloschenen Vulkan, bis er am 15. Mai 1888 in gewaltiger Eruption unter teilweiser Zerstörung eines alten Kraters einen weit größeren bildete und mehr als 1 qkm Gestein in die Luft blies. Wann der Gipfelkrater des Fudschi seine heutige Gestalt erhielt, ist unbekannt, der letzte Ausbruch, der 10 Tage hindurch die Ostabhänge des Berges mit einer dicken Schicht lockeren, noch heute unbewaldeten Auswurfmaterials bedeckte, erfolgte 1707 etwa 900 m unterhalb des Gipfels.

Lebhafte Tätigkeit entfalten im Gegensatz zu ihrem höheren nichtvulkanischen Namensvetter im Akaïschigebirge die beiden Schirane im Gebirgslande von Nikko. Der ihnen benachbarte Asama, dem noch im 18. Jahrhundert ein 63 km langer Lavastrom entquoll, dampft und qualmt beständig und vernichtet hin und wieder, z. B. im Dezember 1920, in seiner Umgebung der Menschen mühsames Werk.

Ein durch seine Gestalt und seine mehr als tausendjährige sagendurchwebte Chronik merkwürdiger Vulkan ist der inmitten Kiuschius auf dem vermeintlichen Kreuzungspunkte zweier bedeutender Spalten gelegene Aso. Der Aso ist nicht ein einfacher Bergkegel, sondern ein teilweise über 1000 m hoher Kraterring, der einen 5—600 m hohen Kraterboden von 15—20 km Durchmesser umrahmt. Aus seiner einst von Seen, jetzt von Dorffluren umgebenen Mitte erheben sich ein bis zu 1690 m aufragender Zentralgipfel und einige kleinere Aufschüttungskegel, von denen der jüngste erst im 20. Jahrhundert entstand.

Querschnitt durch Asosan 1:200000 in Höhe und Länge.

Zu den interessantesten Ausbrüchen der neuesten Zeit, für welche die auf Beobachtungen japanischer Fachmänner gestützten Angaben und Tafeln in der Zeitschr. d. Ges. für Erdk. zu Berlin 1910, 1911, 1914 und 1917 zu vergleichen sind, gehören die des Sakura auf einer Insel in der Kagoschimabucht Kiuschius, bei der merkwürdige Verschiebungen in der Vertikalen und Horizontalen bis zum Betrage von einigen Metern gemessen wurden und des im Südwesten Jessos zwischen der Vulcanbai und dem Tojasee gelegenen Usu, bei dem im Laufe des Sommers 1910 45 Ausbruchsstellen festgestellt werden konnten. Am Südufer des Tojasees wurde ein bebautes Gebiet von 2 km Länge und 400 m Breite für längere Zeit um 155 m emporgehoben, senkte sich aber dann mit seiner Umgebung allmählich wieder so, daß an einzelnen Uferstellen Bäume aus dem Wasser des Sees hervorragten.

Außerordentlich reich ist Japan an warmen Quellen, besonders natürlich in der näheren Umgebung der Vulkane, wo sie oft schwefelhaltig und fast siedend heiß hervorbrechen. Im Hakonegebirge, dem Hügellande der benachbarten Insel Idsu und dem Gebirge der weiteren Umgebung Nikkos haben sie Veranlassung zur Anlage vieler Badeorte und Heilstätten gegeben.

Verderblicher als vulkanische Ausbrüche sind den Landeskindern von jeher die Erdbeben gewesen. Bis auf das Jahr 416 zurück reichen die schriftlichen Aufzeichnungen über mehr als 2000 Erdbeben, darunter 224, durchschnittlich alle 6—7 Jahre eines, die Menschenleben und Menschenwerk vernichteten und zerstörten. Gerade die am dichtesten besiedelten Gebiete des Inselbogens zwischen Nagasaki und Tokio werden häufig beunruhigt. Kioto wurde 1830 schwer heimgesucht, noch schwerer das 1703 hart mitgenommene Tokio; am 10. November 1855 kamen 100000 Menschen um. Bei dem tiefen Eindruck, den solche Naturereignisse auf die Bewohner des Landes machen mußten, nimmt es wunder, daß sie in der Mythologie und den Kulten keine hervorragende Rolle spielen; sie wurden vielfach als Warnungen und Mahnungen angesehen und gedeutet. Infolge der Anregungen des Engländers Milne wurde 1875 der erste Seismometer aufgestellt, der erste Lehrstuhl für Seismologie, auf dem Omori der Nachfolger Sekiyas wurde, ward 1886 errichtet. Die Zahl der im Lande aufgestellten, auch die leisesten, dem Menschen nicht fühlbaren Schwingungen anzeigenden Registrierapparate stieg schnell; seit 20 Jahren werden Seismographen neben den großen Instituten an einigen 70 Stationen beobachtet. Wichtiger als die „Transactions" und das später daneben veröffentlichte „Journal" der 1880 gegründeten Seismologischen Gesellschaft sind die „Publications" des 1891 eingesetzten Kaiserlichen Erdbebenforschungs-Komitees, neben denen seit 1907 noch ein Bulletin of the Imp. Earthquake Investigation C. erscheint. Neben den rein wissenschaftlichen Problemen werden in diesen Schriften auch praktische Fragen, z. B. über die bestmögliche Art verschiedener Bauten, behandelt. Die Japaner haben sich in hohem Grade um die Erdbebenforschung verdient gemacht.

Die Kulturlandschaften im Tal des zur Owaribucht fließenden Kiso wurden im Jahre 1891 schwer heimgesucht durch das Gifu-Erdbeben, bei dem es, ähnlich wie bei dem berühmten kalifornischen im Jahre 1906, zu Verwerfungen bis zu 6 m längs einer mehr als 80 km langen Spalte kam. Mehr als 7000 Menschen verloren das Leben. Reichlich dreimal größer war der Verlust an Menschenleben 1896 bei dem großen Erd- und Seebeben an der Küste des Berglandes von Kitakami im nördlichen Hondo. Die an den ozeanischen Küsten Japans nicht seltene, z. B. 1854 der kleinen Hafenstadt Schimoda verhängnisvolle Erscheinung der Tsunami, das sind durch Erschütterung des Meeresbodens erzeugte Wellen, trat hier in besonders heftiger Weise auf und brach vernichtend herein über die freundliche Küstenstadt Kamaïschi, in der von 1223 Häusern nur 143 erhalten blieben und von 6557 Menschen 4700 ihr Grab in den Wellen fanden. Eine Vorausberechnung von Erdbebenkatastrophen ist auch dem einsichtigsten Erdbebenforscher versagt, da die Entwicklung der zur Auslösung von Spannungen führenden Vorgänge der Beobachtung entzogen ist. Das Jahr 1922 hatte am 26. April die Bewohner von Tokio und Umgegend durch einen schweren Erdbebenstoß erschreckt und am 8. Dezember harte Heimsuchung über die weitere Umgegend Nagasakis an den Küsten der reichgegliederten Schimabarabucht verhängt; dennoch glaubte die Redaktion des Japan Yearbook für das Jahr 1923 unter Berufung auf Omori versichern zu können, daß Japan wahrscheinlich für eine Generation frei sein werde von verderblichen seismischen Heimsuchungen. Am 1. September 1923 erfolgte die furchtbare Katastrophe, die Tokio und Yokohama zerstörte, fast 150 000 Menschen das Leben raubte und einen viele Milliarden betragenden Sachschaden verursachte, der Japans wirtschaftliche Entwicklung sehr empfindlich, wenn auch nicht unüberwindlich, hemmte. Man hat mit Energie und Erfolg sogleich Hand ans Werk gelegt.

Der Geodäsie wird die Vergleichung fortgesetzter Präzisionsnivellements wichtiges Material liefern für die Frage nach allmählichen Hebungen und Senkungen in diesem Erdbebenlande. Sie darf nicht lauten: Heben oder senken sich die Küsten Japans? Es finden sich in nächster Nachbarschaft, z. B. an der West- und Ostseite der kleinen Halbinsel Miura vor der Bucht von Tokio, deutliche Anzeichen positiver und negativer Strandverschiebung. Der Küstenstreifen des Abukumagebirges im Süden der Sendaibucht deutet auf Hebung, die gezackte Riasküste des Kitakamigebirges im Norden von ihr auf Überwiegen von Senkung.

Klima, Flüsse, Seen

Die Hauptinsel Japans liegt, wie die nordchinesische Ebene im Süden Pekings, zwischen den Jahresisothermen 15° und 10°. Das kontinentale China zeigt aber weit größere Gegensätze zwischen Sommer und Winter, als der japanische Inselkranz. Bespült doch die buchtenreiche ozeanische Küste bis über den 38. Breitengrad hinaus der Kuroschio, der überdies im Rücken der Inseln eine immerhin beachtenswerte Abzweigung in das Japanische Meer entsendet. Die Berechtigung der Meteorologen, Japan trotzdem mit China zu einer großen Klimaprovinz zusammenzufassen, wird nur voll verständlich, wenn wir sehen, wie Japans Januar zwar sehr gemildert, aber doch noch immer als das Randgebiet eines abnorm kalten Erdenraums erscheint, gegenüber den westeuropäischen Küstenländern. Die Januarisotherme von 5°, welche durch die Landschaften an der japanischen Inlandsee führt, finden wir nicht etwa in der Nähe von Gibraltar, sondern fast 20° weiter nördlich mitten in der Irischen See. Die Hondo und Jesso trennende Tsugarustraße hat im Januar ein Klima, das nicht an den Golf von Neapel, sondern an das Skagerrak erinnert.

Die Durchschnittstemperatur des Januar ist in Hakodate auf Jesso fast gleich — 3, in Tokio nahezu + 3, in Kagoschima im Süden Kiuschius + 7°. Als absolute Minima weisen Hakodate — 21, Kagoschima noch immer — 6° auf. Selbstverständlich ist an Bildung einer Eisdecke auf den Buchten Altjapans nicht zu denken; die Pfützen der Reisfelder, die in den Winternächten gefrieren, tauen mit seltenen Ausnahmen in der Mittagsonne auf, und sehr selten kommt es vor, daß, wie im Januar 1878, Fremde den Japanern in der Nähe ihrer Hauptstadt die Künste des Schlittschuhlaufens vorführen konnten. Schneefälle an der Westküste des nördlichen Hondo, in den Wintermonaten die gewöhnliche Niederschlagsform, sind im südlichen Kiuschiu eine große Seltenheit; in den Umgebungen der Inlandsee fallen Schneeflocken im Januar einen Tag um den andern, breiten aber selten ein weißes Laken von einiger Dauer über die bereits blühenden Seidelbastarten, die Vorläufer für die Ende Februar und Anfang März neben Mandeln, Pfirsichen und Kamelien knospenden Pflaumenbäume. Wenn im April der Blütenschnee der japanischen Kirschbäume in den Tälern prangt, dann grüßt von den 1000 m übersteigenden Gebirgen noch der Schnee. Aus den Nischen des Hochgebirges schwindet er erst im Hochsommer, in die Region des ewigen Schnees aber ragt heute kein Bergriese Japans. Selbst in dem schneereichen Hidagebirge an der Tokio gegenüberliegenden Westseite Hondos, wo unter 2800 und selbst 3000 m übersteigenden Gipfeln die für Japan einst bezweifelte Eiszeit in etwa 2600 m Meereshöhe unverkennbare Gletscherspuren zurückgelassen hat, überdauern den Sommer nur einzelne Schneeflecken als die spärlichen Reste großer Anhäufungen.

Im Juli bleibt Jesso nördlich der Isotherme von 20°, die Umgebung der Inlandsee südlich der von 25°, im August geht Hakodates Durchschnittstemperatur etwas über 21, die von Tokio über 25, von Kagoschima über 26° hinaus. Es sind in Japan Temperaturmaxima von 36° beobachtet. Das erinnert an die Mittelmeerländer, solange wir die Niederschläge nicht in Betracht ziehen. In Japan gehören Gebiete mit einer jährlichen Regenhöhe von 100 cm, die in Deutschland die regenreichsten sind, zu den regenärmsten, in Tokios Umgebung fallen fast 150 cm, in der Kagoschimas über 200, an vielen Orten beträchtlich mehr. Diese Regenfülle ergießt sich in geradem Gegensatz zu der Sommerdürre Italiens und der Provence über Japans Gefilde mit Ausnahme der Nordwestküste Hondos, wo der Dezember an der Spitze steht, besonders in den Sommermonaten und schafft damit ein für das Gedeihen der Reisfelder sehr günstiges, für die Kultur von Rebe und Ölbaum wenig geeignetes Klima. An unliebsamen Folgen längerer Dürre fehlt es trotzdem in Japan nicht ganz, besonders im Frühling kann es vorkommen, daß der von Feldern und Wegen aufgewirbelte Staub die Luft verunreinigt. Dabei an einen Gruß der Staubstürme im Hwanghogebiet zu denken, liegt für gewöhnlich kein Grund vor, daß er aber gelegentlich von China über das Meer gesandt wird, hat der feinsinnige Beobachter R. Pumpelly schon 1863 mit Recht betont. Am 31. März und 1. April, wo in Peking eine Staubschicht von einigen Zentimetern abgelagert wurde und Schanghai in Staub gehüllt war, konnte man in Nagasaki mit bloßem Auge die

Sonnenflecke auf der im Dunst schwebenden roten Sonnenscheibe betrachten und auf frischgestrichenem Segelboot den Überzug einer feinen Staubschicht finden.

Nicht ein gelegentliches Vorkommnis, sondern eine alljährlich wiederkehrende Erscheinung sind die Regenstürme, welche in den Sommermonaten bis in den September hinein über Japan hinziehen, sich bald hier, bald da zu großer Heftigkeit steigern und oft erstaunliche Fluten über das Land ausschütten. Japan liegt an und in der Zugstraße der Taifune, jener Drehstürme, mit denen fast jeder Japanfahrer, z. B. Ferd. von Richthofen, Bekanntschaft gemacht hat. Sie entstehen in der Zeit, wo das Meer am stärksten erwärmt und die Luft mit Wasserdampf gefüllt ist, und lassen sich gelegentlich, z. B. vom 24.—27. Aug. 1880, von Formosa bis nach Kamtschatka verfolgen. Barometerstürze von 30 mm bis hinab zu einem Barometerstande von 700 mm sind keine Seltenheit; in Nagasaki fiel das Barometer vom 20. zum 21. August 1874 fast 40 mm bis auf 719,8!

Bei Regengüssen, die in Stunden so viel Wasser liefern als in Norddeutschland ebenso viele Wochen, kommt es natürlich an den Gebirgsbächen selbst auf widerstandsfähigem und auf stark durchlässigem Boden zu verheerenden Hochwasserkatastrophen. Wildbachschäden haben schon im 17. und 18. Jahrhundert umsichtige Männer der Regierung veranlaßt, Ödland durch Anpflanzung gegen Abschwemmung, und Talsohlen durch Talsperren und Wehre gegen Auskolkungen und Rutschungen veranlassende Uferunterspülungen zu schützen. Nach Erprobung und Prüfung europäischer Methoden kam 1897 ein Wildbachverbauungsgesetz zustande.

Größere **Stromsysteme** können wir natürlich in einem Lande von der Breitenentwicklung der Apenninenhalbinsel nicht erwarten, selbst die sogenannten „großen Flußgebiete" der Hauptinsel Hondo entwässern nur engumgrenzte Landschaften. Schneeschmelze und Sommerregen nähren rauschende Gebirgsbäche von oft sehr beträchtlicher Wasserfülle. Während sie früher nur zum Triften des Holzes aus den Bergwäldern dienten, haben sie jetzt auch als Kraftquellen für die alljährlich wachsende Zahl elektrischer Betriebe Bedeutung gewonnen. Schon in den Bergtälern werden sie vielfach angezapft für Bewässerungsanlagen und Mühlengerinne, in den Niederungen, auf denen sie oft ungeheure Massen von Geröll, Sand und Schlamm ablagern, zwingen sie die Bewohner immer wieder zur Verteidigung ihres mühsam gewonnenen und gepflegten Kulturlandes. Die von Dämmen eingefaßten Hochwasserbetten und die im Verhältnis zu dem unbedeutenden Fluß auffallend breiten Brücken der Eisenbahnen sprechen eine beredte Sprache.

Das vom Japaner mit großem Geschick auch über Stromschnellen gelenkte flach gebaute Boot kam für den Güter- und Personenverkehr auf den der Inlandsee zueilenden Bächen eigentlich nur für die kurzen Strecken des noch von den Gezeiten beeinflußten Unterlaufes zur Geltung; nicht so bei dem Yodogawa, der das aus dem 686 qkm großen Sammelbecken des Biwasees abfließende Wasser in der für große Ruderboote und Dampfboote das ganze Jahr hindurch gut brauchbaren Stromader hinabführt zu der Bucht des von Kanälen durchschnittenen Osaka. Neben dem Yodogawa sind als bedeutungsvolle Flüsse für Japans Wirtschaftsleben besonders zu nennen der Sumida und der Tone mit ihren die Niederung in der Umgebung Tokios durchkreuzenden Kanälen und der Kiso, der seine Gewässer durch ein der alten zentralen Kulturlandschaft unmittelbar benachbartes Fruchtgefilde der städteumsäumten Owaribucht zusendet. Größer, aber geschichtlich weniger wichtig ist der der Insel Sado gegenüber, bei Niigata in das Japanische Meer mündende Schinano, der in seinem unteren Laufe durch die Küstenebene eine stattliche, wohl ohne große Schwierigkeiten verbesserungsfähige Flußschiffahrtsstraße bildet, während der in der Nähe mündende Agano nur für wenige Dutzend Kilometer zu Bootsfahrten benutzt wird. Lastboote mit Kupfererzen hat lange Zeit der in die Sendaibucht mündende Itakami nach Ischinomaki zu weiterer Verfrachtung hinabgetragen.

Alle Seen Japans übertrifft an Bedeutung der von alten Kulturlandschaften umgebene Biwasee. Sein Wasserspiegel ist etwas größer als der des Genfer Sees, seine Wassermasse aber ist bedeutend kleiner; seine Oberfläche liegt nur 87 m über dem Meeresspiegel, unter den nur seine tiefsten Stellen ein wenig hinabreichen. Einige Felsinselchen entragen den Fluten, andere sind landfest geworden durch die abgelagerten Sinkstoffe der dem See zueilenden Gebirgsbäche. Den landschaftlichen Reiz ihrer Umgebung erhöhen der Schindschi (83 qkm) bei Matsue in Idsumo, der Suwa im Flußgebiet des Tenriu unweit Matsumoto im Südosten des imposanten Hidagebirges, die großen Teiche am Fuße des Fudschi und der vielbesungene, über 60 m tiefe See in dem dem Gipfelriesen Japans benachbarten vielbesuchten Hakonegebirge. Unter den vielen kleinen Gebirgsseen der weiteren Umgebung des tempelberühmten Nikko ist in erster Linie zu nennen der etwa 12 qkm große Chuzenji, der zwischen seinen schöngeschwungenen buchtenreichen Waldlehnen zwar nicht Abgründe bedeckt, „die so weit hinabreichen, als der zu 2483 m emporragende Kegel des Nantaisan das am Seeufer gelegene Dörfchen Chuguschi überragt", nämlich fast 1200 m, aber immerhin mit seiner Tiefe von

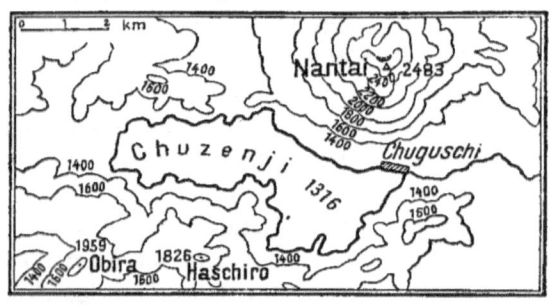

Chuzenji.

172 m den viermal größeren Iwanaschiro um 70 m übertrifft. Die tiefsten Seen Japans sind nach den Ermittlungen Tanakas (vgl. Halbfass in Pet. Mitt. 1922, S. 258) im eruptiven Waldgebirge des nördlichen Hondo der 78 qkm große Towado mit 378 und der mittwegs zwischen Akita und Morioka gelegene nur 25 qkm große Tazawa mit 425 m. Flache Küstenlagunen sind die von Kogawara (108 qkm) im Nordosten von Hondo und die 221 qkm große Hachirogata unter dem 40. Breitengrad am Japanischen Meere, ein vergrößertes Abbild des Stagno di Ortebello hinter dem Monte Argentario vor Italiens Westküste. —

Flora und Fauna

Wie die Klimaprovinzen, so haben auch die Florenreiche in der Natur nicht so scharfe Grenzen, wie ihnen auf den Übersichtskarten gegeben werden müssen. Der japanische Inselbogen wird mit

Mittel- und Nordchina zum ostasiatischen Florenreiche gerechnet, die Riukiu und Formosa, wo Palmen und Fikusarten bis in Gebiete zwischen 400 und 500 m hinaufreichen, zum indischen, die Kurilen und Sachalin, wo man zwischen 300 und 400 m schon durch den Anblick von Krummholzkiefern überrascht werden kann, zu dem nordischen. Das große Waldgebiet der nördlich-gemäßigten Zone reicht von Europa über das Amurland Ostasiens bis nach Jesso und Hondo, erhält aber in den Landschaften um die Inlandsee und an den vom Kuro Schio umspülten Gestaden schon einen halbtropischen Charakter. Sehr reich ist Japan an endemischen Arten; auf ihre Bestimmung und Beschreibung haben die ersten Erforscher des Landes viel Sorgfalt verwendet, nicht immer zur Freude moderner geschulter Botaniker. Den dankenswerten Versuch einer pflanzengeographischen Übersicht machte 1887 Tanaka in Pet. Mitt.; ausführlicher, aber nicht übersichtlicher, behandelt Rein denselben Gegenstand (speziell Bd. I, 2. Aufl., S. 207 und 215f.). Nach dem gewiß verbesserungsbedürftigen Satze: „Die Vielgestaltigkeit des japanischen Laubwaldes wird in verschiedener Höhenlage noch durch diverse Arten Nadelhölzer erhöht, welche teilweise als sehr ansehnliche Bäume so zerstreut auftreten, daß dadurch der Gesamtcharakter nicht wesentlich beeinträchtigt wird", sollte man kaum erwarten, daß schließlich eine Einteilung in Pflanzenregionen auf Grund der Koniferenverbreitung versucht wird.

Der halbtropische Laubwald mit vielen immergrünen Eichenarten umkleidet die unteren Talhänge von Kiuschiu, Schikoku und dem südlichen Hondo bis über die Umgegend von Tokio hinaus, während der gemischte blattabwerfende Laubwald mit verschiedenen Buchen-, Ahorn- und Eschenarten im Süden des 34. Breitengrades zwischen 700 und 1000 m zu beginnen pflegt und bis zu Höhenlagen von 1700 und 2000 m hinaufreicht. Im Norden Hondos und in der Umgebung der Tsugarustraße herrscht mit vielen örtlichen Abweichungen schon in 1000 m hoch gelegenen Regionen der dunkle Nadelwald vor. Die auf den Riukiu verbreitete Sagopalme gedeiht noch am buchtenreichen Gestade des Kuroschiogebietes, bedarf aber schon bei Tokio des Schutzes gegen

Nachtfröste. Nicht weiter als ihr Verbreitungsgebiet reicht der Vorsichtsmaßregeln erheischende Anbau des Zuckerrohrs, das Bambusrohr aber bildet in den Umgebungen von Kioto und Tokio noch Wälder von 17—20 m Höhe und ist als Zwergbambus auf Bergwiesen und im Unterholz lichter Bestände noch weit über Tokio hinaus nach Norden verbreitet. Die stattlichen Kampferbäume mit Stämmen von mehr als 8—10 m Umfang schmücken die Umgebungen der Meeresbuchten von Kiuschiu und Schikoku bis zu Höhenlagen von 300 m, Kamelien bis zu 1,5 m Umfang und 10 m Höhe erreichen mit ihren Vorposten die Region des laubabwerfenden Waldes. Im allgemeinen hört der immergrüne Wald in 36° nördlicher Breite auf, aber noch viel weiter nach Norden finden sich immergrüne Sträucher als Unterholz.

In mehr als vierzig Arten sind die Koniferen verbreitet, sie erhöhen den Reiz des formen- und farbenreichen Landschaftsbildes von der buchtenreichen Küste bis hinauf zu ragenden Bergriesen. Zwei Kiefernarten, mit dem so häufig in Ortsnamen wiederkehrenden Worte Matsu bezeichnet, krönen Dünenhügel, verleihen den kleinen Felsinseln der Inlandsee und der Sendaibucht malerischen Schmuck und bilden Bestände an den unteren Berghängen, z. B. auf der Ostseite des Fudschi, während eine Krummholzkiefer, Hai-Matsu genannt, verschiedentlich, z. B. an einigen Riesen des Hidagebirges, die obere Grenze des Waldes umsäumt. Mehrere Zypressenarten, als Nutzholz geschätzt, und auch eine Eibe kommen besonders inmitten des die Herbstfarben tragenden blattabwerfenden Laubwaldes zur Geltung. Als die schönste Konifere der Erde wird oft die japanische Zeder bezeichnet, die Kryptomerie, der oft abgebildete Alleebaum der berühmten Tempelbezirke von Nikko, der auch an den geweihten Stätten von Jesso noch mit Erfolg angepflanzt wird. Die Kryptomerien gleichen im jugendlichen Alter den Lärchen, ihre Nadeln stehen in Büscheln; die alten, bis 40 m hohen Bäume auf riesigen Säulenschäften mit tief zerrissener Rinde erinnern im Wachstum an die freilich zu mehr als doppelter Höhe aufragenden Sequoien oder Mammutbäume Kaliforniens.

Der dunkle Nadelwald mit Tannen und Fichten beginnt im Norden Hondos schon zwischen 1000 und 1200 m Meereshöhe, im Süden erst zwischen 1800 und 2000; mehrfach bilden verkrüppelte Tannen die obere Waldgrenze ohne einen Saum von Krummholzkiefern, der sich im Süden zwischen 2500 und 2800 m, im Norden schon in Höhenlagen von 1600 m findet. Wer den Fudschi in 2500 m Höhe im Süden, Westen und Norden — nicht in dem kahlen Osten — umwandert, der bleibt in einer den Tannenwald umsäumenden Zone des Lärchenwaldes, der nach dem Gipfel zu übergeht in einen Streifen von verkrüppelten Bergerlen und Zwergbirken und schließlich in

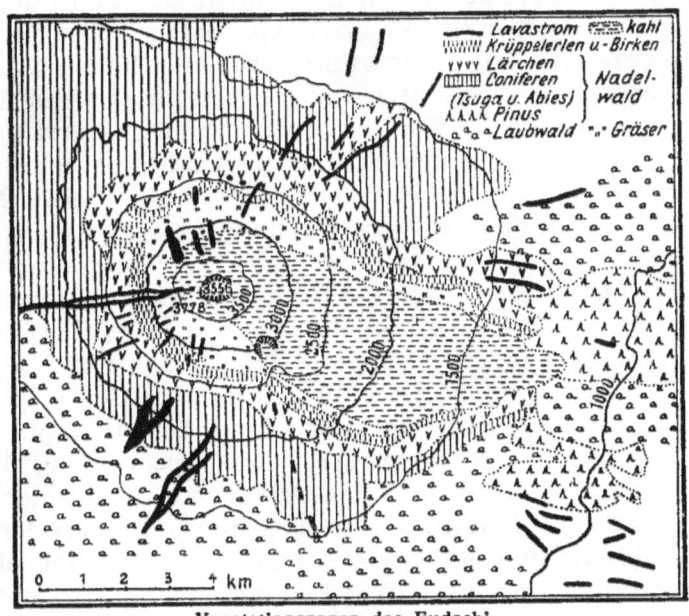

Vegetationszonen des Fudschi

die obere Hara, die sich in Japans Gebirgen vielfach über der Waldgrenze ausbreitet. Die untere Hara, nicht eigentlich eine Bergwiese, sondern ein Gebiet mit Sträuchern, Stauden, Kräutern und hohen Gräsern innerhalb der Wälder, war wohl ursprünglich Waldland und verdankt den zum Schutz der Reisfelder gegen Affen und Schweine angezündeten Feuern, dem Verlangen nach Grünfuttergewinnung und Asche für Bodendüngung seine Entstehung. Die unteren Abhänge des Fudschi umzieht ein Harakranz, der zwischen

6—900 m beginnt und sich hier 4, dort 8 km hinaufzieht bis zur Höhe von 1000, 1200 und selbst 1400 m.

Wie die artenreiche Flora Japans, weist auch seine interessante **Fauna** auf das benachbarte Festland von Asien hin. Wallace rechnete Japan zum paläarktischen Reich und betonte, die frühere Landverbindung müsse mehr in nördlicher als südlicher Richtung gesucht werden, denn auch im südlichen Japan zeigt die Tierwelt im wesentlichen Modifikationen von paläarktischen Formen. Doflein, der in seinem nach Form und Inhalt ausgezeichneten Buch „Ostasienfahrt" neben der speziell studierten Meeresfauna auch der Säugetier- und Vogelwelt interessante Abschnitte widmet, betont, die nächsten Verwandten der meisten japanischen Tiere finden sich im südlichen Sibirien, in der Mandschurei, Korea und Nordchina; die tropischen Elemente der Vogel- und Insektenwelt können leicht durch die Luft übers Meer eingewandert sein. Bei der Mehrzahl der Tiere haben wir nahe Verwandte, aber doch deutlich unterscheidbare vikariierende Arten, über deren Entstehung durch Zuchtwahl oder Klima oder Nahrung wir „gar nichts wissen", nicht einmal über die Unterarten der durch Schädel und Geweihe unterschiedenen Hirsche in Kagoschima, Nikko und auf den Gotoinseln.

Es fehlen dem Japan der jüngsten geologischen Epoche die großen Vertreter des Katzengeschlechts und der pflanzenfressenden Säugetiere. Pferd und Rind sind erst vom Menschen eingeführt. Die größten heimischen Vierfüßler sind der kleine, verschiedentlich als Parktier gezähmte Hirsch, die Hochgebirgsantilope oder Gemse und das Wildschwein, das ebenso wie die Affen den Reisfeldern im Herbst gefährlich war und durch Feuerbrände verscheucht wurde, der Fuchs, eine seltene kleine Wolfsart, der seines Fettes wegen geschätzte Dachs und verschiedenes kleines Raubzeug. Besondere Erwähnung verdienen der bis zu $1^{1}/_{2}$ m lange, an einigen Hochgebirgsbächen hausende Riesensalamander und der kleine schwarze Bär Hondos mit dem weißen Brustfleck zum Unterschiede von dem rötlichen Bären Jessos und der Kurilen. Ob der erstere auf der wohl noch bis in die Diluvialzeit vorhandenen Landbrücke über Korea einwanderte, der letztere über das vielleicht einmal Jesso mit dem Kontinent verbindende Sachalin, bleibe dahingestellt. — Wo man auch die japanische Tierwelt ins Auge faßt, begegnet man den an Europa erinnernden, aber abgeänderten Formen, mag es sich nun um den in Japan von keinem Igel verfolgten, mehr mäuseähnlichen grauen Maulwurf handeln oder um den Spatz, der musikalischer veranlagt ist und dem Buchfinken nähersteht als unser europäischer Schilpschreier. So ist's beim Zaunkönig, beim Specht, beim Raben und bei den Fasanenarten. Bis in die Insektenwelt läßt sich dieses Auftreten vikariierender Arten verfolgen. Unser Schwalbenschwanz (Papilio machaon) hat eine ganze Schar naher, an die Tropen erinnernder Verwandter in Japan.

Der Japaner hat Freude an den Tieren, er füttert liebevoll Mäuse und Ratten im Käfig, hat aber wenig für die Tierzucht getan. Es fehlten dem Lande bis in die Neuzeit als Haustiere der Esel, das Schaf, die Gans und das Schwein. Der Bedarf an Fleischnahrung, auch bevor er durch Kultvorschriften eingeschränkt wurde, ward hauptsächlich durch die Ergebnisse der Fischerei gedeckt. Man schätzte die Eier der Hühner, aber nicht ihr Fleisch, man benutzte das Rind als Lasttier, aber nicht als Milchgeber und Schlachtvieh. —

Die Japaner

Wann die ersten Menschen auf dem Boden Japans eine Heimat fanden, wissen wir nicht. Wir wissen trotz zuversichtlich dargebotener Ziffernangaben auch nicht genau, in welchem Verhältnis Mongolen, Malayen und Ainu teilhaben an der Bildung der japanischen Nation und ihrer wohlklingenden, vokalreichen, agglutinierenden Sprache, in welchem Kulturzustande sich die verschiedenen Stammväter der Japaner auf den Inseln ausbreiteten. Die hellgelben, braunäugigen, schwarzhaarigen Japaner treten in das Licht der Geschichte als ein Volk, das trotz der bei verschiedenen Klassen und in verschiedenen Landschaften hervortretenden Unterschiede einheitlich, tapfer, aufgeweckt und anstellig und von ausgeprägter Eigenart ist. In welchem Grade an der Entwicklung dieser Eigenart Vererbung und Blutmischung beteiligt sind, wieviel auf die Einwirkung der physischen Verhältnisse der japanischen Inseln kommt, das bleibt Problem. Trotz feinsinniger Deutungsversuche kommt man über die Grenze des Wahrscheinlichen und Möglichen nicht hinaus. Das Gewebe der kausalen Wechselbeziehungen, durch welche die Geschichte des Geistes- und Seelenlebens bedingt ist, so gut wie Erdgeschichte, ist für den Blick des Forschers zu fein. Den Vergleich der plötzlichen Eruption des japanischen verhaltenen Temperaments mit derjenigen eines japanischen Vulkans mag man hübsch finden, aber er ist darum noch nicht sinnreich, denn positiv bewiesen ist für die sehr unwahrscheinliche Bedingtheit der einen Erscheinung durch die andere nicht das allergeringste.

Die Japaner sind klein von Statur, es fehlt nicht an dürftigen Gestalten, aber die „herrlich gebauten Körper" der arbeitenden Klassen erregten nach Vollendung der nordöstlichen Durchfahrt einst die Aufmerksamkeit Nordenskiölds. Der drohenden Verkümmerung der Jugend infolge von Überbürdung arbeitet einsichtig die systematische Förderung der Leibesübungen in allen Schulen des Landes entgegen, mit dem Ziel der Erhaltung eines wehrhaften Volkes. Die in siegreichen Feldzügen bewährte Leistungsfähigkeit des japanischen Soldaten rühmt als kompetenter Beurteiler K. Haushofer. Ob ihre Kavallerieregimenter imstande sein würden, einem Ansturm von Seydlitz-Kürassieren oder den Reitern von Mars-la-Tour siegreich Halt zu gebieten, darf man bezweifeln.

Die ersten auf sorgfältigen Messungen beruhenden Angaben über die körperlichen Eigenschaften der Japaner machte der lange Jahre in ihrem Lande wirkende Prof. Dr. med. E. Baelz. Die durchschnittliche Größe von 1727 gemessenen Männern blieb unter 1,6 m; je 1,3% überragten 1,71 m und blieben unter 1,45. Von 242 Frauen waren größer als 1,6 m noch nicht 1%, kleiner als 1,42 aber 15%. Nach den in den letzten Jahren vorgenommenen Messungen der Rekruten blieben 10% unter 1,5 m und nur 3% überragten 1,68 m. Als untere Grenze der militärtauglichen jungen Leute gilt erst die fast zwerghafte Gestalt von 1,47 m. Das durchschnittliche Gewicht japanischer junger Männer beträgt 52—60 kg, abgesehen von den wanstigen Ringern, bei denen eine Größe über 1,7 m und ein Gewicht von mehr als 100 kg das Gewöhnliche sind.

Die Jugend Japans vollendet ihr Wachstum schneller als die deutsche. Von 300 000 gemessenen Schulkindern im Alter von 7 Jahren war die Durchschnittsgröße der Knaben 1,17, der Mädchen 1,16 m, das Durchschnittsgewicht 17 und 16,6 kg. Von 180 000 dreizehnjährigen Kindern war die Durchschnittsgröße bei beiden Geschlechtern 1,47 m und das Durchschnittsgewicht fast 30 kg. „Für die Lebensdauer der Japaner paßt nicht schlecht das alte Bibelwort: „Unser Leben währet 70 Jahre, und wenn es hoch kommt 80." Nach dem Japan Yearbook leben im Alter von 70—75 Jahren fast eine Million Menschen (1,7%), zwischen 75 und 80 Jahren noch mehr als eine halbe Million (0,9%). Auf 85 und 90 Jahre bringen es nur noch 100 000, auf mehr als 90 Jahre nur noch 50 000 und merkwürdigerweise etwas mehr Männer als Frauen, welche auf allen Altersstufen zwischen 70 und 90 die Männer an Zahl etwas übertreffen.

Große geistige Regsamkeit und ein nicht geringes Maß wenn nicht allseitig, so doch vielseitig betätigter Geisteskräfte wird den Japanern fast allgemein von Vertretern aller Nationen zuerkannt; über ihre seelischen Eigenschaften aber gehen die Meinungen so weit auseinander, daß man begreift, wie Doflein zu der Aufstellung des beherzigenswerten Satzes kam: „Die Konstruktion eines Nationalcharakters ist ein sehr gewagtes Unternehmen." Wunderbar verschieden spiegelt sich der „Geist des Ostens", die „Volksseele des japanischen Volkes" im Geiste der vielen Japankenner. Dem feinfühligen sympathischen Schwärmer Lafcadio Hearn, dessen vielen, zum Teil gut ins Deutsche übersetzten Schriften wir so manchen Einblick in das Seelenleben der Kinder seines Adoptivvaterlandes verdanken, sind die Japaner „das liebenswürdigste Volk der Welt"; „eine hochgezüchtete Edelrasse" sind sie für K. Haushofer, der — mystisch angehaucht wie General Younghusband, zeitweilig Vorsitzender der Londoner Geographischen Gesellschaft — versichern zu können glaubt, ein so inniges metaphysisches Liebesverhältnis zwischen Land und Volk, wie das zwischen den japanischen Inseln und ihren Bewohnern, gebe es sonst auf der Welt nicht. Für v. Brandt sind die Söhne des Landes der aufgehenden Sonne so etwa mehr oder weniger von Dünkel geschwollene Kulturschimpansen, für die Dante den Vers geschrieben haben könnte: „Solch eitles Volk sah ich im Leben nie, selbst die Franzosen sind ja nichts dagegen". „Der japanische Übermensch", der Japanschwärmer, sagt v. Brandt, „ist alles, nur nichts der Wirklichkeit und den Tatsachen Entsprechendes; L. Hearn leidet unter der Idiosynkrasie, alles Japanische erhaben und bewundernswert zu finden, groß ist in Japan nur der Größenwahn."

Kleemann, in vieler Hinsicht ein Antipode Haushofers, formuliert den von Bitterkeit getränkten Satz, jeder Japaner wisse von jedem, daß er lüge. Der Wahrheit näher kommt wohl die Bemerkung Rathgens, er habe nicht gefunden, daß in Japan mehr gelogen werde, als anderswo auf Erden. Geschimpft ist über die Japaner besonders viel und sicher nicht ohne Grund in kaufmännischen Kreisen, aber zu bedenken ist dabei erstens, daß hier auch Stimmen über das Ohr gehauener, in Japan enttäuschter Spekulanten laut werden, und zweitens, daß in Japan, wo die Samurai die Ehre höher schätzten als das Leben, die Krämer, abgesehen von den Paria, den die unreinen Gewerbe der Gerberei und Abdeckerei treibenden Eta, zu der untersten Stufe der arbeitenden Volksschichten gehörten, und daß ihnen nicht die Begriffe kaufmännischer Ehre vornehmer Hanseaten oder des Hauses T. O. Schröter in Gustav Freytags Soll und Haben zur Richtschnur ihres Handelns geworden waren. Ein oft recht oberflächlich geschriebenes Buch des Engländers Perciwal Lowell, das 1911 auch in deutscher Übersetzung erschien, nennt sich „Die Seele des Ostens". Schärfere Linien zeigt das Bild, welches mit geschickter Hand der süffisante Franzose Pierre Loti — der verständnisvollen Teilnahme eines großen Leserkreises sicher — von sich und seiner zum Glück nicht melancholisch und sentimental veranlagten Madame Chrysanthème entwirft. Reinere Luft atmet man, wenn man sich von den auch auf das Volksleben achtenden beobachtungsfreudigen Naturforschern Richthofen und Doflein durch Japan führen läßt. Man gewinnt aus ihren Darstellungen die Japaner lieber als aus denen von japanischen Landeskindern, die so oft mit einem Seitenblick auf das Ausland oder für das Ausland schreiben. Gern nennen sich die Japaner die Engländer des Ostens. Ist das Seelenharmonie, inniges Freundschaftsgefühl? In Steads von Japanern geschriebenem Quellenbuche „Unser Vaterland Japan" sagt Kaneko weniger vorsichtig als andere Mitarbeiter, daß England bei seinem Bündnis keinen andern Zweck im Auge gehabt habe, als seine Wirtschaftspolitik. Die „Nation führt ihre Produkte überall hin und kehrt mit schwerem Beutel heim. Wie armselig uns diese Handlungsweise erscheinen mag, sie erwies sich als vorteilhaft". Im Angesichte von Yokohama stießen einmal englische Marineoffiziere an auf das Wohl von „our brothers the monkeys"!

Wer im Strudel subjektiver widerstreitender Meinungen ängstlich nach einem Halt sucht, dem reicht Huntington die rettende Hand und öffnet ihm die Pforten der Gewißheit. Er hat in seinem Buche „Civilisation and Climate", unterstützt von weitblickenden Geistern, eine Völkerbefähigungsliste aufgestellt, aus der man mit einem Blick ersehen kann, daß der Begabungsindex der Japaner den der meisten Völker beträchtlich überragt und nur wenig zurückbleibt hinter demjenigen der Yankees in den Nordoststaaten und der Engländer. Jedes ziffernfrohe und zifferngläubige Menschenkind kann dankbar und vertrauensvoll aufblicken zu dem Mann, der zuversichtlich daran ging, der Anthroposophie einen Altar im Tempel der exakten Wissenschaften zu errichten. —

ZWEITER ABSCHNITT

Kulturgeographie

*

Rückblick auf Altjapan

Man spricht oft von uralter japanischer Kultur; das ist nicht berechtigt im Vergleich mit China, Ägypten und Griechenland. Die lange Liste der Vertreter des japanischen, zuweilen durch Adoptionen ergänzten Herrscherhauses beginnt mit ihren teilweise ganz unmöglichen Regierungszeiten zwar schon mit dem Jahr 660 vor Christi Geburt, aber von gut beglaubigter Geschichte kann bei dem Mangel schriftlicher Aufzeichnung auch in den ersten Jahrhunderten unserer Zeitrechnung noch nicht die Rede sein. Die beiden ältesten Geschichtswerke Japans stammen aus dem Anfang des 8. Jahrhunderts: das „Kojiki" oder die Chronik des Altertums, übersetzt und erläutert von B. H. Chamberlain, und das „Nihongi", die Annalen von Japan, in seinem dritten und wichtigsten Teil, der Geschichte Japans im 7. Jahrhundert, übersetzt und erklärt von C. Florenz (Supplement zu Bd. V der Mitt. d. deutschen Ges. für Natur- und Völkerkunde Ostasiens. Tokio 1892).

Als im weltgebietenden Rom die Republik dem Kaisertum Platz machte, lebten die in eine Unmenge von Sippen gegliederten Japaner in den das japanische Binnenmeer umkränzenden Landschaften noch unter Häuptlingen. Die chinesischen Quellen der älteren Handynastie sprechen von 100 Herrschern, von denen 30 mit China in Verbindung ständen. Über den Häuptlingen steht der Nachkomme der Sonnengöttin als oberster Richter und Vermittler des Gesamtvolkes mit den Geistern der Ahnen. Nichtachtung seiner Befehle und Auflehnung sind an der Tagesordnung, seine Stellung aber bleibt unangetastet — wohl aus religiösen Bedenken. Es gibt noch keinen Kaiserpalast in Nara und in Kioto, die Residenz ist eine

Gruppe von strohgedeckten Hütten, vielleicht von einer Hecke oder einem Palisadenwerk geschützt, und wechselt mit der Person des Herrschers den Platz. Reisbau und Fischfang liefern hauptsächlich die Nahrung, es fehlen Wolle, Baumwolle und Seide für die Kleidung. Äxte werden zwar im Kojiki und Nihongi so wenig erwähnt wie Säge und Hobel, waren aber wohl sicher schon im Gebrauch. Die Stellung der Frauen scheint ursprünglich unabhängiger als im späteren Mittelalter gewesen zu sein; eheliche Treue verlangt der Mann und straft ihre Verletzung mit dem Tode, Geschwisterehen sind nicht selten und werden erst in späterer Zeit, wohl infolge trüber Erfahrungen, verboten. Verirrungen in sittlicher Beziehung — nicht zu verwechseln mit den bei Verehrung von Naturkräften üblichen, einem späteren Geschlecht unflätig erscheinenden Gebräuchen — kommen vor wie bei dem alttestamentlichen auserwählten Volke Gottes.

In den Norden ihrer Hauptinsel sind die Japaner wohl in jahrhundertelang wieder und wieder erneuerten Streifzügen vorgedrungen. Kämpfe mit den Emischi, Anlage von Palisadenwerken und einer Festung bei Sendai melden die „Annalen" aus dem 7. Jahrhundert und bringen die ersten Andeutungen der Bewohner von Jesso, die wohl nicht als „eigentliche Ainu" von den Emischi unterschieden gewesen sind. Weit wichtiger als die Nachbarfehden auf der Hauptinsel selbst sind die feindlichen und freundlichen Beziehungen Japans zu den verschiedenen Reichen der Koreaner. Um das Jahr 200 soll in Männerrüstung eine japanische Herrscherin an der Spitze ihres siegreichen Heeres in Korea gekämpft haben, das in den folgenden Jahrhunderten die Brücke wurde, über die chinesische Kultur ihren Einzug in Japan hielt. Die im Nihongi erwähnten chinesischen Gesandtschaften, die Reisen der Japaner nach dem Kontinent gehen immer in Etappen über Tsuschima und Korea. Die Lehre Buddhas kam nach Japan wohl bereits im 5. Jahrhundert, zu Ansehen gelangte sie am Ende des 6. am Hofe der klugen Kaiserin Suiko (628 †). Schon im Beginn ihrer Regierung heißt es, daß die Häupter der beiden großen Parteien, in denen vielleicht noch der Gegensatz zwischen den Bewohnern des buchtenreichen Kiuschiu und des Korea gegenüberliegenden Idsumo zum Ausdruck kommt, Buddhahütten bauten. Im Jahre 605 veranlaßte die Kaiserin selbst die Aufstellung zweier großer Buddhastatuen, wenn sie auch nachdrücklichst befiehlt, den Göttern der Erde und des Himmels Verehrung zu zollen. Es kommt in Japan nicht zu Religionskämpfen, die Buddhalehre hat sich nicht der alten Religion, neben deren unscheinbare Schintoheiligtümer ihre prächtigeren Tempel treten, feindlich gegenübergestellt, und das Volk versucht, ob ein Gebet gegen Hagel und Überschwemmung beim Buddhabilde etwa größeren Erfolg habe als beim Ahnenschrein; ja, als 642 bei furchtbarer Dürre weder die Opfer in der Miya noch die Bußübungen in der buddhistischen Tera helfen wollen, da begrüßt eine Nachfolgerin Suikos die vier Himmelsgegenden und wird belohnt durch einen fünftägigen Regen und die Banzairufe ihres dankbaren Volkes. Die Zahl der Buddhatempel, heute mehr als 70 000, stieg im Laufe des 7. Jahrhunderts von weniger als 50 auf mehr als 500. Neben dem Buddhakult und der auf engere Kreise wirkenden Morallehre des Konfuzius verbreiteten sich die Kenntnisse des Rechnens, des Schreibens, der Meßkunst, des Kalenders, der Heilmittellehre und die nützliche Werktätigkeit in Näharbeit, Gerberei, Papier- und Farbenbereitung, die Anlage japanischer Ziergärten mit Reliefdarstellungen. Als stattliche Bauten entstanden Tempel und Kastelle, und Mühlen wurden angelegt, die den ihren Reis im Mörser stampfenden Frauen allmählich eine beschwerliche Arbeit abnahmen.

Eine bedeutende Persönlichkeit, wie die Kaiserin Suiko, die einmal einem Oheim ein Bittgesuch abschlug mit den Worten, die Nachwelt solle nicht sagen, daß das törichte Weib Regierungsgut verschleudert habe, tritt unter ihren allenfalls Mützenverordnungen in Nachahmung chinesischen Hofzeremoniells erlassenden Nachfolgern nicht hervor. Ein Hofadel, an der Spitze die Familie der Fugiwara, sucht seinen Vorteil unter verweichlichten, erschlafften, oft regierungsmüde abdankenden Würdenträgern und wird seinerseits bekämpft von dem in die Parteien der roten und weißen Rose, der Taira und Minamoto, zerfallenden Schwertadel. Aus einem Gewirr von Streitigkeiten ging 1185 Yoritomo als Sieger hervor, der als Schogun, als Reichsstatthalter des Mikado, seinen Sitz nach Kamakura verlegte und damit die Epoche einleitete, in der das reisbauende

Gefilde des Kwanto in der weiteren Umgebung von Tokio, dem ehemaligen Jeddo, zum Zentrum des japanischen Reiches wird. Freilich wird nach Yoritomos Tode der Schogun so gut wie der Mikado zum Spielball sich befehdender Parteien, nur bei der Bedrohung der Inseln durch Kublai Khans Flotten 1275—81 rafft sich das zersplitterte Japan zu einmütiger Verteidigung auf. Um das Jahr 1500 sind die von ihren schwerttragenden Samurai umgebenen Lehnsfürsten, die kampfesfreudigen Daimyo, ziemlich unabhängige Herren der einzelnen Landesteile. Unter solchen Verhältnissen betraten die ersten Europäer den Boden Japans, wahrscheinlich 1542 einige Abenteurer, unter denen Mendez Pinto gewesen sein will, angestaunt wegen ihrer Musketen und Lehrmeister in dem bald beliebten Tabakrauchen. Im Jahre 1549 kamen die ersten Missionare und fanden offene Ohren und Herzen, bis Streitigkeiten der Dominikaner und Franziskaner, Aufreizungen gegen die verdienten einsichtigen Jesuiten, unvorsichtige Einmischungen in die Parteikämpfe, Brutalitäten hochfahrender Portugiesen Mißtrauen und Haß weckten, zu grausamen Christenverfolgungen und schließlich 1624—39 zur Vertreibung aller Fremden führten, außer den unter demütigenden Beschränkungen zugelassenen Chinesen und Holländern. Gerade in der Zeit der Ausbreitung des Christentums gaben energische Bestrebungen zur Kräftigung der Zentralgewalt Veranlassung zu erbitterten Parteikämpfen, die sich auch in dem Feldzuge bemerkbar machten, den Japan im letzten Jahrzehnt des 16. Jahrhunderts gegen China auf dem Boden Koreas führte und in Kioto durch ein Denkmal verherrlichte, das sich über den als Trophäen heimgebrachten abgeschnittenen Ohrmuscheln der erschlagenen Feinde erhob. Aus den Wirren und Kämpfen ging im Jahre 1603 endgültig Yeyasu, ein Abkömmling der Minamoto, seit 1590 Herr des Kwanto, als Sieger hervor und begründete bei formeller Anerkennung des Mikado die Tokugawadynastie, die das durchführte, was Yoritomo angestrebt hatte. Die im Ergänzungsband V der Mitt. d. deutschen Ges. für Natur- und Völkerkunde Ostasiens übersetzten 100 Gesetze der Yeyasu sind nicht eine systematische Gesetzgebung, aber sicher nicht der „Erguß eines alten Weiberherzens", sondern die Erlasse und Belehrungen eines strengen Landesvaters, der zuweilen an den unermüdlichen Friedrich Wilhelm I. von Preußen erinnert. Yeyasu sah im Christentum eine Gefahr für seinen Staat, er duldet jede Religion außer „der abscheulichen"; Fremde, die das Land betreten, sollen bewacht werden, damit sie keine Handelsgeschäfte treiben können, fremde Gesandtschaften, die Geschenke bringen, werden prächtig bewirtet, und Schlösser, Wälle und Häuser, an denen sie vorbeikommen, sollen sorgfältig ausgebessert werden, „damit Wohlstand, Reichtum und kriegerische Tüchtigkeit des Kaiserreichs in vollem Glanze erscheinen". Unter den Nachfolgern des Yeyasu beginnt nach der Niederwerfung eines Christenaufstandes eine lange Friedensepoche von mehr als 200 Jahren, in der die Bevölkerung, die zur Zeit Suikos auf 5, Yoritomos auf 10 und des Yeyasu auf etwa 15 Millionen geschätzt werden kann, zu 30 Millionen anwuchs, und in der die japanischen Reisbauern und Fischer in ihrer Genügsamkeit, abgesehen von Hungersnöten infolge von Mißernten, sicher ein besseres Leben führten als in den Wirren der Vergangenheit. Wie Japan den Europäern seine Tore verschloß, so verbot es seinen Landeskindern, die früher gelegentlich als Wikinger weit hinausgeschwärmt waren, ins Ausland zu gehen und größere Schiffe zu bauen. Über die Absperrung ist so viel Unzutreffendes und Unsinniges gesagt worden wie über die geistlos bewitzelte chinesische Mauer. Einsichtige Japaner werden es heute kaum bedauern können, was unter der Regierung des Yeyasu und seiner Nachfolger geschehen ist, wenn sie sich die Schicksale der anderen nichteuropäischen Völker vor Augen halten. Selbsterhaltungstrieb, nicht Blutdurst und religiöser Fanatismus bedingten die Handlungsweise der Japaner, die sich ihre Heimat und ihre Unabhängigkeit erhalten haben.

Das Wachstum der Bevölkerung bewirkte natürlich im Laufe eines Jahrtausends eine beträchtliche Ausdehnung des Kulturlandes. Der Reisbau (Abb. 25 u. 26) beschränkte sich nicht mehr ausschließlich auf die geeignetsten Stellen der kleinen Talböden, sondern dehnte sich im Terrassenbau auch auf die unteren Abhänge in der Nähe der Kulturzentren aus. Teiche wurden nicht nur für die kleinen Landschaftsgärten angelegt, sondern auch als Stauteiche zur Speisung von Berieselungen. Nach den großen Hauptstädten erfolgte der Transport des Reises auf den die Flußadern ihrer Umgebung ergänzenden Kanälen. Das berieselte Feld lieferte neben dem Reis als zweite Ernte noch eine Winterfrucht, auf Trockenland wurden gebaut ein minderwertiger Bergreis und als altjapanische Kulturpflanzen Hirse, Bohnen und verschiedene Knollengewächse. Eine immer größere Ausdehnung gewann die Pflege der Obstbäume. Neben dem Biwabaum mit immergrünen, an Kastanienlaub erinnernden Blättern und gelben pflaumenartigen Früchten verdienen besondere Erwähnung der rotgelbe, große Dattelpflaumen tragende, aus China stammende Kakibaum und die trotz ihrer Härte sehr saftige und süße chinesische Birne. Kastanien und Haseln waren wohl ursprünglich wildwachsende Pflanzen, Pfirsiche und Pflaumenkirschen erhöhten mit ihrem Blütenschmuck schon im frühen Mittelalter den Reiz der Frühlingslandschaft. Nicht ganz klar ist es, bis in welche Zeit die Seidenzucht zurückgeht, die Erwähnung von der Anfertigung von Seidenstoffen im Nihongi ist späterer Interpolation nicht unverdächtig. Die Baumwollenkultur erlangte ihre große Bedeutung erst in der Tokugawazeit, Anfänge damit wollen die Japaner schon um das Jahr 800 gemacht haben, als ihnen ein gestrandetes Boot den Samen der Pflanze ans Land getragen hatte. Auch die von Baumreihen unterbrochenen Teepflanzungen (Abb. 22) eroberten sich nur sehr allmählich ihren Platz im japanischen Landschaftsbilde, noch Yoritomo hielt es für nötig, sein Volk nachdrücklichst über die Bekömmlichkeit des heute für jeden Japaner unentbehrlichen Getränkes aufzuklären.

Von den Baulichkeiten der Menschen treten neben den Toren der Miyabezirke und den Buddhatempeln mehr und mehr hervor die von Wall und Gräben umgebenen Kastelle der Fürsten mit ihren gewaltigen, aus Quadern gebauten Bastionen. Sie fehlen in ihrer zu Staatszwecken umgewandelten Gestalt noch heute nicht im Landschaftsbilde, während von Privathäusern bei der leichten Vergänglichkeit der Holzbauten so gut wie nichts erhalten ist, was uns die Rekonstruktion eines Bildes der alten Siedelungen erleichtern könnte. Wann Schiebetüren und Papierfenster (Abb. 17) in Gebrauch kamen, ist ungewiß; das Glas lernten die Japaner erst von den Portugiesen kennen und gaben ihm nach vidro den Namen biidro.

Die Verkehrswege Japans sind im 16. Jahrhundert nach den Jesuitenberichten in sehr wenig erfreulichem Zustande. Auf ihnen bewegten sich Reiter, Packpferde, Lastochsen, Fußgänger, Sänften- und Tragbahrenträger, aber noch keine Rickschafahrer. Lastkarren kamen wenig zur Verwendung und größere Wagen für Personenbeförderung gar nicht; nur dem Mikado stand das Recht zu, in einem mit Ochsen bespannten Staatswagen zu fahren. Yeyasu unterschied vier Arten von Wegen; von ihnen sind die großen 10 m breit und auf beiden Seiten von Baumreihen eingesäumt, die kleineren sind Fußpfade. Die beiden mächtigsten Verkehrsstraßen des Landes waren die zwischen den großen Residenzstädten: der Tokaido oder die Ostseestraße und der Nakasendo, der Weg zwischen den Bergen, den Rein im Ergänzungsheft 59 zu Pet. Mitt. eingehend beschrieben hat. Der über 400 km lange Nakasendo führt am Suwasee vorüber über neun, mehrfach 1000 m beträchtlich überschreitende Paßhöhen, durch mannigfaltig gestaltetes Bergland und schöne Täler, der Tokaido hält sich nahe dem buchtenreichen Gestade des Ozeans. Auf ihm zog im Frühling 1691 der Dr. med. Engelbert Kämpfer dahin als einer der beiden Begleiter des zu Ehrenbezeigungen an den Hof reisenden holländischen Residenten in Nagasaki. Die Reise, die einem sorgfältig beobachteten Gefangenentransport glich, mit einem Geleit von 100—200 Menschen mit Packpferden, Sänften und Tragkörben, kostete die holländische Kompagnie eine erkleckliche Summe. Um „die stürmische See zu meiden", war den Reisenden erlaubt, das Schiff erst in der Schimonosekistraße zu besteigen. Sie zogen 5 Tage durch Kiuschiu nach Kokura, fuhren dann 8 Tage, nachts vor Anker gehend, durch die Inlandsee nach Osaka und gelangten von hier auf der baumbeschatteten Straße des Tokaido in 14 Tagen nach Tokio (Jeddo). Trotz vieler Brücken (in Nagasaki allein 20 steinerne und 15 hölzerne) müssen die Hochwasserbetten der Flüsse doch vielfach durchwatet werden. Die Häuser der locker aneinandergereihten Dörfer sind klein und ärmlich, alle Gebäude niedrig wegen der Erdbeben. Man sieht dreifach umwallte Burgen, aber keine befestigte Stadt, 56 Posthäuser, die belebte, hier und da ausgebesserte Straße zeigen Sinn für Ordnung und Sauberkeit; Meilensteine geben die Entfernungen an von der Brücke in Jeddo. Der

„Kaiserliche Palast" ist stark befestigt, die durch einen Plan skizzierte Stadt inmitten zum Teil sumpfiger Umgebung ist nicht von Mauern umgeben, aber durchschnitten von Erdwällen, die mit Baumreihen bepflanzt sind. Das Land, bemerkt Kämpfer feinsinnig, hat seine Gaben nicht verschwenderisch über müßige Bewohner ausgeschüttet, aber belohnt reichlich den rüstigen Fleiß und wirkt so fördernd auf seine Kinder. In die Behandlung, die die „stolzen Heiden" den Vertretern eines Krämervolkes, in denen sie nur Sklaven des Gewinns erblicken, zuteil werden lassen, findet sich Kämpfer augenscheinlich ohne peinliche Empfindungen; die Chinesen, sagt er, werden noch schlechter behandelt als die Holländer, die sich nach seiner Versicherung, aber nicht nach den von ihm erzählten Begebenheiten, „edel" widersetzen.

Die Umwandlung Japans in einen modernen Staat

Wer die Uhr anhält, hemmt die Zeit nicht. Vernehmlich pochte um die Mitte des 19. Jahrhunderts die mit der raumbezwingenden Dampfkraft arbeitende Neuzeit an die Tore des im Mittelalter verharrenden Japan, das mit Europa nur durch die in Nagasaki verkehrenden Holländer in Berührung kam, deren Schiffe für Hin- und Rückfahrt auf 20 Monate zu rechnen pflegten. Mit Recht konnte N. Yamasaki darauf hinweisen, daß es an Einflüssen der europäischen Zivilisation auf die wißbegierigen Japaner auch in der Zeit der Absperrung nicht ganz gefehlt habe; die Neuzeit für das Land der aufgehenden Sonne aber beginnt doch erst, als der Kommodore Perry, dessen bedeutungsvolle Expedition Karl Neumann 1856 in einem das Herz des greisen Karl Ritter erwärmenden Aufsatz (Z. f. Allgem. Erdkunde, N. F. Bd. I) geschildert hat, es im Jahr 1854 durchsetzte, daß den Schiffen der Vereinigten Staaten Amerikas einige Häfen Japans geöffnet wurden. Im Jahre 1858 wurde den Kaufleuten der Vereinigten Staaten, bald auch denen Großbritanniens, Frankreichs, Rußlands, Hollands und Preußens gestattet, ihren Wohnsitz in mehreren Hafenplätzen aufzuschlagen unter der Gerichtsbarkeit ihrer Konsuln. 1861 waren schon 121 Fremde ansässig im Lande. Japan sandte seine Söhne zur Ausbildung nach Europa und berief Fremde als Lehrer der Wissenschaft und Technik an seine Hochschulen; es schickte sich an, den alten Lehnsstaat in eine moderne konstitutionelle Monarchie umzuwandeln, was in bezug auf rechtliche und wirtschaftliche Verhältnisse gewiß noch schwieriger war als die Einführung von Telegraphen, Eisenbahnen und Dampfschiffen. Das Nachahmungsfieber der Japaner ist oft verspottet; gewiß, es hat nicht an Übereilungen und lächerlichen Auswüchsen gefehlt, aber was geleistet wurde, ist im höchsten Grade anerkennenswert. Natürlich vollzog sich die Neuordnung nicht ohne Krisen und Zuckungen. Es kam zu Ausbrüchen des Fremdenhasses, die mit einem Bombardement von Kagoschima durch englische Kriegsschiffe (1863) und mit einer kombinierten Flottendemonstration von Schimonoseki (1864) beantwortet wurden. Im ganzen sind die Japaner immer vorwärtsgekommen und haben alle Schwierigkeiten glücklich überwunden durch ihr heißes Bemühen und ihre alle anderen Leidenschaften zügelnde und läuternde Vaterlandsliebe. Zwei Leitmotive kehren immer wieder in der modernen Entwicklung Japans: die bange Sorge, in Abhängigkeit von den Fremden zu geraten, und das brennende Verlangen, es ihnen gleichzutun und das Zugeständnis der vollen Ebenbürtigkeit von ihnen zu erzwingen.

Das Schogunat stürzte 1867 zusammen, im November 1868 übersiedelte der Mikado von Kioto nach Tokio und empfing hier 1869 die Gesandten der fremden Mächte. Das Edikt gegen die „böse Sekte" der Christen ward 1873 aufgehoben, 1875 zogen Engländer und Franzosen die Schutzwachen ihrer Gesandtschaften zurück. Als Japans Kaiser 1889 eine der preußischen nachgebildete Verfassung proklamierte, setzte Japan eine Revision der Verträge durch, vor allem die Aufhebung der als Entwürdigung empfundenen Konsulargerichtsbarkeit. Es öffnete dafür den Fremden das ganze Land und verbot nur die Erwerbung von Grund und Boden. Mit Befriedigung betont der japanische Staatsmann Okuma, daß die Japaner, „obwohl weder christlich noch zur weißen Rasse gehörig", es erkämpft hätten, als ebenbürtig aufgenommen zu werden.

Die **Wehrkraft des Landes** auszugestalten, war eine dringend nötige, aber schwierige Angelegenheit. Wie sollten die Mittel beschafft werden, um den Anforderungen für Armee, Marine, Küstenschutz, Arsenale, Waffen- und Tuchfabriken zu genügen? Das schier Unmögliche wurde möglich gemacht, wenn auch mit Verzögerungen, die von ungeduldigen Patrioten schmerzlich empfunden wurden. Die allgemeine Wehrpflicht erhielt 1873 in einigen Provinzen Gesetzeskraft. Franzosen, dann aber vornehmlich Deutsche wurden als Lehrmeister berufen. Statt mit einer Friedensstärke von 400 000 Mann mußte man sich anfangs mit 40 000 begnügen, doch schon 1883 war das erstrebte Ziel halb erreicht.

Geschenkte, gekaufte und gestiftete Dampfer bildeten den ärmlichen Anfang einer modernen **Flotte**, doch konnte schon 1860 ein nur mit japanischen Offizieren und Matrosen bemanntes Schiff San Franzisko anlaufen. Hatte man es 1872 zu 20 Kriegsschiffen von zusammen 12 000 t mit einer Besatzung von 2000 Mann gebracht, so verfügte man 1893 schon über 32 Kriegsschiffe, unter denen vier mehr als 4000 t hatten. Die Zahl der Marinesoldaten war auf 7000 gestiegen. Die erste Erwerbung der neuen Ära waren die Riukiuinseln, die sich bis dahin in einer Zwischenstellung zwischen China und Japan gefallen hatten. China verzichtete auf seine Hoheitsrechte, beunruhigt durch eine Strafexpedition Japans gegen räuberische Malayen Formosas. In demselben Jahre wurden die Japaner gegen Verzicht auf Sachalin, wo es mehrfach zu Reibungen mit den Russen gekommen war, als Herren der Kurilen und meistbegünstigte Nation im Ochotskischen Meer anerkannt. Man legte auf den Besitz der unwirtlichen, meist völlig unbewohnten Inseln keinen großen Wert, empfand es aber als Genugtuung (vgl. Ariga in „Unser Vaterland Japan"), daß der Vertrag „im Sinne vollkommener Gleichheit" abgefaßt sei.

Aufmerksamen Blickes verfolgten die Staatsmänner des Inselreiches die Vorgänge auf dem gegenüberliegenden Festlande. Jedenfalls durfte man auf **Korea** nicht die Festsetzung fremder, starker Mächte dulden. Hier hatte Japan, wie Ito betonte, ein „wirtschaftliches Anrecht" gegenüber dem historischen Anrecht Chinas. Man hatte sich 1876 nach dem Muster der Perryexpedition die Öffnung einiger koreanischer Häfen gesichert, mußte aber bald sehen, daß andere Staaten ähnliche Zugeständnisse erzwangen. Für die „Unabhängigkeit" Koreas griff Japan 1894 zu den Waffen und verlangte von dem besiegten China neben der Abtretung von Formosa auch die der Halbinsel Liaotung, auf die es unter dem Druck Rußlands, Frankreichs und leider auch Deutschlands zähneknirschend verzichten mußte. Um nicht ein zweites Schimonoseki erleben zu müssen, rüstete man unter opferfreudiger Aufbringung von Mitteln, welche die 600 Millionen Mark der chinesischen Kriegsentschädigung weit übertrafen, im nächsten Jahrzehnt energisch weiter, getreu dem alten Samuraispruch: „Nach der Schlacht binde den Helm fester." Die Kriegsflotte stieg auf 60 Schiffe mit 220 000 t und einer Besatzung von 40 000 Mann; die Armee konnte eine halbe Million stark ins Feld rücken.

Beklemmungen empfand Japan, als sich die Deutschen in Kiautschou, die Engländer und die Russen an den Pforten des Gelben Meeres festsetzten. Mit gemischten Empfindungen beteiligte es sich an der Strafexpedition nach Peking, es konnte den Großmächten nicht Halt gebieten, wollte bei etwaigen Amputationen Chinas nicht leer ausgehen und legte nach Ito auch Gewicht darauf, aller Welt „ein treffliches Bild von der Organisation, Moral, äußeren Erscheinung und Ausrüstung" der japanischen Armee zu geben. Schwer bedroht sah sich das Inselreich durch das begehrliche Vordringen der Russen, die sogar schon einmal auf Tsuschima die Hand gelegt hatten, bis in den Süden Koreas (Masanpo!) und durch ihre großen Befestigungsanlagen bei Port Arthur; es wagte im Selbsterhaltungstrieb den gefährlichen Kampf und siegte. Abgetreten wurde an Japan Südsachalin (Karafuto), ausgeliefert wurde ihm das „befreite", 1910 annektierte Korea, zugestanden das zweimal unter schweren Opfern eroberte Port Arthur und eine Vormachtstellung im Südosten der Mandschurei mit der Aufsicht über die Eisenbahn. Eine Kriegskostenentschädigung konnte der Sieger nicht durchsetzen, da weder die Vereinigten Staaten von Amerika noch das verbündete, von einem Alp befreite England Interesse hatten an einer finanziell erstarkten Großmacht in Ostasien, die anfing, im Wirtschaftskampfe an und auf dem Großen Ozean unangenehm aufzufallen. Japan schlief nicht auf seinen Lorbeeren ein, sondern sah der Möglichkeit neuer Verwicklungen entgegen. In seinen Werkstätten für Armee und Marine oder, wie es in Japan heißt, Marine und Armee waren 1902 etwa 40 000, 1908 aber schon 75 000 Menschen beschäftigt; die Flotte gehörte bald zu denen, welche die erste Gruppe nach England bildeten, und zählte 1914 ohne Torpedoboote 117 Fahrzeuge mit 560 000 t und nahezu 70 000 Mann Besatzung, 1922 schon 166 mit mehr als 800 000 t und nahezu 77 000 Mann ohne die Reserven. Die Abrüstung dürfte im wesentlichen Ausrangierung minderwertiger Schiffskörper sein, also eine scheinbare, wie bei der lange Zeit in 21 Divisionen gegliederten Armee, deren Friedensstärke nach dem Washingtoner Vertrage 1922 von 296 000 Mann auf 240 000 Mann herabgesetzt wurde. Das „innere Gefüge", sagt Haushofer, hat dadurch nicht gelitten, die Heeresgliederung ist „sehr elastisch". Japan, das seiner gesamten Jugend schon in der Schule eine wohldurchdachte militärische Vorbildung zuteil werden läßt, verfügt über gut geschulte Reserve- und Landwehrregimenter und dürfte in kürzester Zeit für einen Angriffskrieg eine Million Streiter zur Verfügung haben, für die Landesverteidigung mehr als das Doppelte.

Wenn den Japanern auch keine besondere Neigung, ihr Licht unter den Scheffel zu stellen, nachgesagt werden kann, so sind sie doch in ihren Mitteilungen über Armee, Marine, Küstenschutz, Unterseeboote und Kampfflugzeuge sehr zurückhaltend und vorsichtig. Selbst einem in ihrem Lande lebenden Fachmann wird es nicht leicht gemacht, in diese Dinge einen Einblick zu gewinnen und sich ein sicheres Urteil zu bilden. Beachtenswerte Überseeflüge von Japanern sind bekanntgeworden, und der Flugsport wird auch von Privatpersonen, selbst von patriotischen Damen, gefördert. Sicherlich werden die in die Wege geleiteten Weltumfliegungen der Amerikaner, deren Beispiel bereits die Engländer angesteckt hat, auch die Japaner baldmöglichst auf den Plan rufen und ihnen hoffentlich mehr Lorbeeren bescheren, als seinerzeit die Teilnahme an der Südpolarforschung.

Wie die allgemeine Wehrpflicht hat Japan die allgemeine **Schulpflicht** nach einigen vorschnellen Versuchen mit sicherer Hand durchgeführt. In mehr als 25000 Elementarschulen erster und zweiter Ordnung werden 8 Millionen, teilweise schon in Kindergärten vorbereiteter Knaben und Mädchen vom 6. bis zum 14. Lebensjahr unterrichtet. Mittelschulen, höhere Mädchenschulen, Normalschulen für Lehrerausbildung, technische Lehranstalten der verschiedensten Art und vom Staate und Privaten begründete Universitäten sorgen neben wissenschaftlichen Instituten, Bibliotheken, Akademien und Museen für die weitere Ausbildung. An allen staatlichen japanischen Lehranstalten wird Moral-, aber kein Religionsunterricht erteilt. So groß der Einfluß Europas im Geistesleben der Nation ist, soviel humanitäre Einrichtungen in Gestalt von Hospitälern, Waisenhäusern usw. geschaffen sind, die christlichen Konfessionen haben trotz eifriger Missionstätigkeit keine großen Fortschritte gemacht. Die Zahl der Christen dürfte wenig über 200000 hinausgehen; nur vereinzelt tritt eine Kirche in den durch Fabriken und Fabrikschornsteine, meistens der Erdbebengefahr wegen große, durch Drahtseile nach verschiedenen Seiten verankerte Blechröhren, so wesentlich veränderten Stadtbildern hervor. Eine sehr große Bedeutung hat besonders in neuester Zeit die Presse erlangt. Man hatte schon vor Beginn der neuen Ära gelegentlich Flugblätter verbreitet, aber erst 1871 erschien die erste Tageszeitung. Heute übersteigt die Zahl der japanischen Tagesblätter, abgesehen von den zum Teil sehr beachtenswerten fremdsprachigen und den vielen periodischen Schriften, bereits 1000; mehr als 5 Millionen Zeitungsnummern finden tagtäglich eifrige Leser in Stadt und Dorf.

Zu dem Netze der schnell gewürdigten Telegraphenlinien traten im letzten Jahrzehnt des 19. Jahrhunderts die Telephonleitungen. Kabel und drahtlose Telegraphie verknüpfen die Kernlande des Kaiserreiches mit seinen Gliedern.

Japan wurde in der zweiten Hälfte des Jahrhunderts ein viel besuchtes und beschriebenes Land. Die bis dahin erschienene Literatur ist bald aufgezählt. Auf Grund weniger, meist von Missionaren abgefaßter Berichte machte 1649 kein Geringerer als Bernhard Varenius, der jung verstorbene Verfasser der von Newton gewürdigten „Geographia generalis", in seiner kurzen „Descriptio Japoniae" den ersten Versuch einer Landeskunde von Japan, dazu kamen im Laufe von zwei Jahrhunderten die Veröffentlichungen von Kämpfer, Thunberg und Siebold, Ärzten im Dienste der Holländer. Wie gewaltig die Literatur plötzlich anwuchs, ersieht man am besten aus Fr. v. Wencksterns stattlicher zweibändiger Bibliography of the Japanese Empire, von denen Band I die Zeit von 1859—1893, Band II die von 1894—1906 umfaßt. Über die den Geographen interessierenden Publikationen gibt einen kritischen Überblick das Geographische Jahrbuch in den Bänden 25, 27, 32 und 37. Ergänzend treten hinzu die Literaturberichte in Pet. Mitt. und dank der umsichtigen hingebenden Arbeit von O. Baschin die 19 Bände der von der Ges. f. Erdk. in Berlin herausgegebenen Bibliotheca geographica.

Mit der japanischen Sprache vertraut geworden sind nur wenige von allen, die über Japan geschrieben haben. Es ist daher höchst dankenswert, daß die japanischen wissenschaftlichen Vereine und Institute viele ihrer Zeitschriften und Jahrbücher in englischer Sprache veröffentlicht haben oder wenigstens, wie die Geographische Gesellschaft in Tokio, ihren Aufsätzen kurze fremdsprachliche Referate hinzufügten. Nicht vergessen darf werden, daß viele japanische Gelehrte europäischen Zeitschriften Beiträge geliefert haben und in europäischen Sprachen Bücher veröffentlichten.

Ein Ruhmestitel für den Geist der Deutschen in Japan sind die durch wichtige Supplementbände ergänzten Mitteilungen der Gesellschaft für Natur- und Völkerkunde Ostasiens, die von 1884—1913 erschienen, und denen der Weltkrieg hoffentlich nur eine Unterbrechung, nicht das Ende gebracht hat.

Von den neuesten deutschen Zeitschriften (Ostasiatische Zeitschrift seit 1912, Geist des Ostens seit 1913 und jüngst Asia major und Deutschjapanische Revue) ist besonders hervorzuheben der „Neue Orient", der seit 1917 manchen für die Landeskunde Japans wichtigen Aufsatz enthält.

Auf die neuen japanischen Kartenwerke (vgl. Nachod in der Zeitschr. d. Ges. f. Erdkunde, Berlin 1910) ist schon weiter oben kurz hingewiesen worden. Einen für die Kulturgeschichte der letzten Jahrhunderte hochinteressanten Atlas zur Geschichte der Kartographie des japanischen Reiches gab Graf Teleki 1909 heraus.

Volksdichte, Siedelungen, Ackerbau, Fischfang, Waldwirtschaft

Japan trat in seine Neuzeit mit 30 Millionen Menschen, die Bevölkerung der vier Hauptinseln und ihrer Nebeninseln stieg 1890 auf 40, 1900 auf 45 und 1920 auf fast 56 Millionen. Das ergibt eine Volksdichte von 147 für den Quadratkilometer und ohne Hinzurechnung des Hokkaido von 180, während die Durchschnittsziffer für Deutschland nur 127 beträgt.

Von den 46 Regierungsbezirken (3 Fu mit den Hauptstädten Tokio, Osaka und Kioto und 43 Ken ohne den Hokkaido) haben eine besonders große Volksdichte diejenigen, durch welche einst Kämpfer von Nagasaki nach Tokio reiste. Die Ziffern lauten für Nagasaki 314, Saga 376, Fukuoka 474, für Kagawa im Nordosten von Schikoku 380, Hiogo 268, Kioto 280, Osaka 1026, Aichi an der Owaribucht 433, Tokio über 2000 und für seine Nachbargebiete Kanagawa 721, Saitama 327 und Chiba 266. Natürlich macht sich bei diesen Ziffern die Volkszahl der Großstädte geltend, es hat aber in dieser Zone dichtester Bevölkerung die Insel Awadschi im Nordosten der Inlandsee ohne eine ansehnliche Mittelstadt noch immer eine Volksdichte von mehr als 300. Nur 100 und weniger zeigen die Regierungsbezirke zu beiden Seiten der Bungostraße auf der ozeanischen Seite von Kiuschiu und Schikoku, Kagoschima mit 102, Miyazaki mit 87, Kotschi mit 96. In der Nachbarschaft von dem dichtbesiedelten Kanagawa mit 721 bringt es das gebirgige Yamanaschi nur auf 97, und im Norden von Hondo (Honschiu) weist Aomori nur 87, Akita 77 und Iwate gar nur 61 auf. —

Eine einwandfreie Methode für die Volksdichteberechnung gibt es nicht. In jedem der 46 Regierungsbezirke ist die **Volksdichte** der einzelnen Kreise (im ganzen über 600) oft recht verschieden, schon deswegen, weil die Großstadtbevölkerung dann nur einem Kreise zugeteilt wird. Die buntscheckigen, unregelmäßigen, Flickenteppichen ähnelnden Dichtekarten erwecken überdies — wie Ratzel oft nachdrücklich betont hat — die falsche Vorstellung scharfer Grenzlinien zwischen den einzelnen Kreisen und Regierungsbezirken. Manche scheiden die Großstädte ganz, die Mittelstädte zum Teil aus, andere die Wälder und die Seen, unter alleiniger Berücksichtigung des Kulturlandes der einzelnen Gemeinden. Jede Volksdichtenkarte Japans, gleichviel ob mit oder ohne Berücksichtigung von Großstädten und Kulturland, ob unter Zugrundelegung einer Höhenschichtenkarte oder einer politischen Übersichtskarte, würde mehr oder weniger deutlich eine bald schmälere, bald breitere Zone reichster Besiedelung hervortreten lassen, welche die alten Kulturlandschaften Japans von Nagasaki bis Tokio umfaßt.

Den Hauptanteil an der Volkszunahme haben die Städte. Am Ende des 19. Jahrhunderts gab es in Japan 21 Städte mit mehr als 50000 Einwohnern. In 78 Städten, die über 20000 hinausgewachsen waren, lebten 6 Millionen Menschen, in den 6 größten allein 3,2 Millionen. Noch vor Ablauf eines vollen Vierteljahrhunderts (im Jahre 1920) betrug die Zahl der 50000 Bewohner zählenden Städte nicht weniger als 43, darunter einige, wie Sasebo und Yawata, die sich in kürzester Zeit von kleinen unscheinbaren Ortschaften zu industriellen Großstädten entwickelt hatten. Die 78 größten Städte, für welche die untere Grenze der Volkszahl von 20000 auf 30000 gestiegen war, waren nicht mehr von 6, sondern von über 10 Millionen Menschen bewohnt, die 6 größten Städte nicht mehr von 3,2, sondern von 5,2 Millionen. In 178 Städten von mehr als 20000 Einwohnern leben fast 13 Millionen Menschen, fast ein Viertel der Bevölkerung Japans.

Nur noch etwa die Hälfte der Bevölkerung Japans kommt auf die Landleute, und die Zeiten, wo sie unter den „Heimin" eine höhere Rangstufe einnehmen als Handwerker und Krämer, gehören der Vergangenheit an. Im Abgeordnetenhaus, wo sie noch 1902 mehr als 30% der Sitze einnahmen, hatten sie 1920 nur noch 14 neben den Vertretern von Industrie, Bergbau und Handel, Advokaten, Journalisten und „Parteifunktionären".

Japan steht vor der Frage, wie es am besten für die Ernährung seiner wachsenden Bevölkerung sorgt. Es führt zwar noch immer geringe Quantitäten von dem gesuchten und teuer bezahlten japanischen Reis aus, aber bekommt Reis aus Korea und Formosa und Weizen und Weizenmehl aus den Vereinigten Staaten von Nordamerika. Immerhin ist es erstaunlich, daß Japans Boden überwiegend die Nahrung für seine Bevölkerung liefert, denn nur 16—17% desselben sind Ackerland. Das sind Verhältnisse, die denen der Schweiz weit näherstehen, als denen Sachsens oder Schlesiens, wo 65% und mehr von Pflug und Spaten bearbeitet werden. Japans Ackerland ist in der Neuzeit allmählich von 50000 auf 60000 qkm ausgedehnt und wird noch jährlich um einige hundert Quadratkilometer vergrößert. Ob es möglich sein wird, noch 20000 qkm in ergiebiges Ackerland und davon die Hälfte sogar in bewässertes Reisland zu verwandeln, muß die Zukunft lehren. Gesorgt ist für Verbesserung der Bewässerung des Reislandes durch Anlage von Staubecken; für Erzielung höherer Ernteerträge werden seit 2 Jahrzehnten alljährlich immer größere Summen (bis über 200 Mill. Yen) gezahlt für Einfuhr künstlichen Düngers, der eine reichlichere und wirksamere Ergänzung der menschlichen Exkremente bildet als Gründüngung, Fischguano und Waldasche. Der Stalldünger der Haustiere hat für Japan immer nur geringe Bedeutung gehabt, denn die Viehhaltung war unbedeutend und ist es im Vergleich zu Deutschland heute noch.

Schafe fehlten früher ganz und sind erst seit mehreren Jahren in einigen Tausenden vorhanden, Ziegen gibt es mehr als 100 000, Schweine mehr als eine halbe Million. Die Zahl der Pferde, zur größeren Hälfte wegen des Bedarfs der Armee Kreuzungen mit eingeführten Zuchttieren, belief sich 1918 auf 1,5 Million, die der Rinder auf 1,3. Der Pferde sind seitdem etwas weniger, der Rinder etwas mehr geworden, da man angefangen hat, der ganz vernachlässigten Milchwirtschaft größeres Interesse zuzuwenden. Die meisten Kleinbauern bestellen ihr Feld ohne Hilfe von Zugtieren.

Auf 5^1/$_2$ Millionen wird die Zahl der ackerbautreibenden Familien angegeben, da würde bei gleicher Verteilung im Durchschnitt auf die Familie wenig mehr als 1 ha kommen. Nach den Angaben des neuesten Japan Yearbook kann man berechnen, daß fast die Hälfte der Kleinbauern weniger als einen halben Hektar bewirtschaftet, ein Viertel 0,5—1 ha, mehr als einen Hektar nur 1% und mehr als 50 ha vom Tausend nur einer. Ein Drittel der Ackerbauer sind Grundeigentümer, die übrigen sind Pächter, zum Teil in so gedrückter Lage, daß sie die Hacke hinwerfen und in die Fabrikstädte abwandern, so daß die Landherren, teilweise reich gewordene Spekulanten, zuzeiten Mühe haben, für die Bewirtschaftung ihrer Farmen geeignete Leute zu finden. Trotz sorgfältigen Kleinbetriebs auf ertragreichem Boden würden die Erzeugnisse nicht für 56 Millionen Menschen eine noch immer nahezu ausreichende Ernte liefern, wenn nicht die Rieselfelder für den größten Teil des Landes zweimal Frucht trügen. Zwei Arten von Gerste und Weizen, welche die Haupterzeugnisse des Trockenlandes sind, liefern auf dem Rieselfelde eine Ernte, bevor die Reispflänzchen gesetzt werden. Auf den Trockenfeldern wird auch Roggen und neuerdings verschiedentlich Hafer gebaut, in entlegenen Gebirgstälern als Brotfrucht ärmerer Leute noch immer Hirse. Kartoffeln, Buchweizen (für Makkaroni) und Mais erfreuen sich wachsender Beliebtheit. Von der Fülle anderer Kulturpflanzen kann hier nur kurz auf Bohnen, Erbsen, süße Kartoffeln, Raps, Baumwolle, Tabak, Hanf, Lein, Rettich, Rüben, Kohl und Zwiebeln hingewiesen werden. Die rübenartigen Knollen der süßen Kartoffel oder Batate bilden seit einigen Jahrhunderten ein beliebtes Nahrungsmittel, aus den Soyabohnen wird die in jedem Haushalt unentbehrliche Soyatunke bereitet, der Anbau der Baumwolle geht zurück wegen der Einfuhr guter und billiger Rohbaumwolle, der Tabakanbau (etwa 380 qkm) steht des Monopols wegen unter sorgfältiger Aufsicht. Abwechslungsreich ist die Arbeit des japanischen Kleinbauern, und emsiger Fleiß ist erforderlich, um sie im Kreislauf des Jahres in allen Einzelheiten ordentlich zu erledigen. Im Juni, wenn Raps und Winterfrucht geerntet sind, werden auf den mit dreizinkiger Hacke bearbeiteten Boden aus dem um die Mitte des Frühlings sorgfältig gedüngten Reissaatbeet die etwa 20 cm langen Setzlinge gebracht, im Oktober wird geerntet, und gleich darauf beginnt die tiefgründige Umarbeitung des Feldes für die in Reihenkultur gesäte Winterfrucht, die im März noch einmal Kopfdüngung erhält und sorgfältig behäufelt wird.

Neben den besonders wegen ihrer Blütenpracht geschätzten Kirschbäumen und den mit Dattelpflaumen und kleinen saftigen Birnen behangenen Fruchtbäumen sieht man in Japans Obsthainen so manchen Träger neu eingeführter oder veredelter Obstsorten. Der Süden liefert ausgiebige Orangenernten, im Norden gewinnt die Kultur der Apfelbäume Bedeutung, schöne Pfirsiche reifen auf den Talböden des mittleren Hondo. Am Fuße der sie umrahmenden Höhen liefern die Reben für den Nachtisch geschätzte Trauben und hier und da sogar den Saft für einen mehr oder weniger schmackhaften Wein. Seinen wichtigsten Ausfuhrartikel verdankt Japan der Seidenkultur, für welche mehr als 1 $1/2$ Million Haushaltungen die Seidenwürmer züchten und mehr als 5000 qkm Maulbeerbaumpflanzungen die Grundlage bilden. Weit nach stehen ihnen an Ausdehnung die wichtigen, etwa 500 qkm umfassenden Teepflanzungen, die, aus einiger Entfernung gesehen, an Beete erinnern, die mit Stachelbeerbüschen besetzt sind. Die mannigfache vegetabilische Nahrung der Japaner wird in erwünschter Weise bereichert durch Beeren und Pilze aus den Wäldern. Für die durch religiöse Vorschriften des Buddhismus stark eingeschränkte animalische Nahrung lieferten die Haustiere sehr wenig, und auch heute noch ist ihr Beitrag nicht groß, trotz des steigenden Fleischverbrauchs. In den Jahren 1918—20 wurden in mehr als 500 Schlachthäusern geschlachtet durchschnittlich etwa 250 000 Rinder (einschließlich Kälber), 75 000 Pferde und 380 000 Schweine. Im Landschaftsbilde fehlt, mit Ausnahme des nordöstlichen Hondo und einiger Gegenden Jessos, das Bild der weidenden Herden und der Viehkoppel.

Eine wichtige Nahrungsquelle der Japaner bildete von jeher das die Küsten der Inseln bespülende Meer durch die Mannigfaltigkeit und die Menge seiner, der Verschiedenheit der Lebensbedingungen in warmen und kalten Strömungen, tiefen und flacheren Gewässern angepaßten Bewohner. Die Fischereibevölkerung umfaßt mehr als 600 000 Familien; reichlich eine Million Männer und 300 000 Frauen sind mit dem Fischfang beschäftigt. Mehrere tausend Gilden zählen eine halbe Million Mitglieder, die Vereine der verschiedenen Regierungsbezirke sind zu einer großen Nationalen Meeres-Produkte-Gesellschaft vereinigt. Die Regierung belebt den Eifer der Fischer durch Prämien und sorgt, abgesehen von dem großen zentralen, von einsichtigen fremden Forschern gerühmten Institut für Meeresprodukte durch ein Dutzend höherer und mehrere Dutzend gewöhnlicher Fischereischulen für technische Schulung und Erweiterung des Horizontes seiner Küstenbevölkerung.

Neben der Küstenfischerei gewannen Hochsee- und Tiefseefischerei steigende Bedeutung. Zu den Fischerbooten alter Konstruktion, deren Zahl seit 1915 langsam unter 390 000 gesunken ist, kamen mehrere tausend Motorboote und mehrere Dutzend Fischdampfer. Nicht nur der heimische Markt aller großen Städte wird täglich mit frischen Fischen und mit wichtigen Konserven, wie der geschätzen Katsura von dem Fleisch eines großen Thunfisches, versehen; es werden auch Meeresprodukte ausgeführt, z. B. getrocknete Tintenfische nach China, Krabben in Büchsen und Gläsern, Jod von Seealgen, Fischleim und Walöl. Unter den Seefischen sind von Wichtigkeit verschiedene Makrelenarten, z. B. die an Angelhaken gefangenen Bonito in Jahreserträgen von 25 Millionen Yen und andere Thunfische. Auf den nördlichen Fischgründen sind zu nennen der Kabeljau- und vor allem der Heringsfang, im Ostchinesischen und Gelben Meer die Ausbeute von Seebrassen, Barschen und Plattfischen. An den Laichplätzen und in kleinerem Ausmaße auch für Forellen werden viele Millionen von Lachsfischbrut ausgesetzt, in den Bergseen des nördlichen Japan wird die Forellenzucht gefördert, in den Gewässern Südjapans neben der von Schnappschildkröten auch die Karpfenzucht. Mit der Pflege von Austern nach französischer Methode und von Perlmuscheln sind bemerkenswerte Erfolge erzielt. Vom Walfischfang, dessen Ausübung seit einigen Jahren einer besonderen Erlaubnis bedarf, bringen 30 Schiffe jährlich durchschnittlich 2000 Tiere heim im Werte von etwa 2 Millionen Yen.

Auch ihr Salz gewinnen die Japaner fast ausschließlich dem Meere ab. Die Gestade der Inlandsee sind reich an Örtlichkeiten, wo der natürlichen Verdampfung des Salzwassers die künstliche zu Hilfe kommt. —

Das Material nicht nur für sein Herdfeuer, sondern auch das Bau- und Nutzholz für seine Häuser und Tempel, seine Schiffe und Boote hat dem Japaner von jeher in reichlichem Maße und guter, zum Teil sorgfältig ausgesuchter Qualität der Wald geliefert. Für die dichter bevölkerten Gebiete mit großen Ortschaften brachten es die geschickt über die Stromschnellen der Bergwasser gelenkten Flöße aus entlegenen Partien. Für Fütterung, Gründüngung und Waldasche sorgte die dem Walde abgewonnene Halbkulturlandschaft der Hara, die durch Abbrennen und Abmähen gegen Wiederbewaldung gesichert wurde. Koniferen lieferten neben dem aus China stammenden Papiermaulbeerbaum vortrefflichen Stoff für Herstellung von Pappe und Papier, den Firnis für den ausgezeichneten Lack zapfte man an den Einschnitten der Stämme des Firnissumach, während die Früchte des ihm verwandten Wachssumach mit den gefiederten, im Herbst rot gefärbten Blättern zur Herstellung gesuchter Wachskerzen verwertet wurden. Von der größten Bedeutung für den Wirtschaftsbetrieb sind die 15—20 m hohen Haine von Bambusrohr, das von Kiuschiu bis über Tokio hinaus an den unteren Berglehnen bis zu Höhenlagen von 200 bis 300 m gedeiht und mit geringerem Wachstum auch noch als Unterholz in den lichteren Wäldern des nördlichen Hondo verbreitet ist. In Haus und Hof, zu Wasser und zu Lande, bei der Herstellung von Pfosten und Sparren, Türen und Fenstern, Brücken und Zäunen, Wassereimern und Wasserleitungen, Werkzeugen und unzähligen Gerätschaften findet Bambus Verwendung. Von den Erträgen der Staatswaldungen in den Jahren 1918—20 kamen im Jahresdurchschnitt fast 8 Millionen Yen auf die Einnahme für 6 Millionen Bambusbündel, das ist ein Viertel bis ein Drittel der Gesamteinnahmen ohne Abzug der mehr als ein Drittel betragenden Betriebskosten.

An Ziffern über den jährlichen Ertrag der Wälder, ja über den Wert der noch in den Waldungen vorhandenen Holzvorräte fehlt es nicht. Es handelt sich natürlich um teilweise recht problematische Schätzungen, einigermaßen zuverlässige Angaben stehen dem Statistiker nur für die Staatswaldungen zur Verfügung. Schon die Arealangaben muß man als Näherungswerte betrachten, denn es ist nicht immer leicht, die Grenze von Wald und Hara oder Ödland zu bestimmen, besonders in den zum Teil stark verwüsteten Revieren mancher Gemeindewaldungen. Unerschöpflich ist auch der Reichtum der herrlichsten Waldgebiete nicht. Daß der japanische Staat der Waldwirtschaft seit längerer Zeit ernste Fürsorge zugewendet hat, versteht man, wenn man liest, daß von dem waldreichen Lande für Holzeinfuhr aus Amerika 1920 und 1921 je 15 und 25 Millionen Yen gezahlt sind. Die für den Reiz des Landschaftsbildes nicht ungefährliche Umwandlung der Wälder Japans in Forsten vollzieht sich allmählich, am langsamsten in den Gemeindewäldern. Noch entragen in abgelegenen Gebirgswäldern gespensterhaft abgestorbene, etwa durch starken Harzgehalt vor schneller Verwitterung bewahrte Baumriesen dem im Wachstum wetteifernden jungen Nachwuchs, noch freut sich das Auge im Hügellande neben der Mannigfaltigkeit der Arten und des Alters der Bäume an dem überraschenden Reichtum der Schlingpflanzen.

Das Japan Yearbook spricht im Abschnitt Forstwesen von 43% Waldland, wohl für das Gebiet Altjapans, denn die Zusammenstellung und Umrechnung der für die Jahre 1915, 1918 und 1920 gegebenen Tabellen ergibt 222000 qkm, das sind 58% von 382000 qkm, der Flächenausdehnung des eigentlichen Japans einschließlich des Hokkaido. Von den 222000 kommen auf den Besitz von Krone, Staat, Gemeinden, Privatleuten und Tempel je 14 — 77 — 43 — 87 — 1,2 Tausend. Gelingt dem japanischen Staate die Durchführung seiner Forstgesetze und Forstkulturen, so muß sich unter der Gunst eines dem Baumwuchs förderlichen Klimas das Kapitel Forstwesen zu einem der erfreulichsten im Staatshaushalt des Inselreichs gestalten.

Bodenschätze

Mannigfach wie seine gebirgsbildenden Formationen sind die Gaben, die Japans Boden seinen Bewohnern zu bieten hat: Metalle in den Erzadern der Erstarrungsgesteine und ihrer Kontaktzonen, Lager von Kohlen und Anreicherungen von Erdöl unter der Decke sedimentärer Schichten; aber nirgends beschert er seine Schätze in besonderer Fülle und die Weltwirtschaft beherrschender Masse. Leicht zu bearbeitende Erzgruben, Wäschen von Eisen- und Goldsand lieferten schon im Mittelalter den Söhnen der Inseln hinlängliches Material für Waffen, Bronzestatuen, Geräte, Schmuckgegenstände und Münzen. Kupfer gehörte zu den wichtigsten Ausfuhrartikeln der holländischen Handelsniederlassung, zeitweilig in beschränkterem Maße auch Gold und Silber. Die Hoffnungen europäischer Abenteurer des 16. Jahrhunderts, goldene Dachziegel der Tempel des goldstrotzenden Cipangu verfrachten zu können, erwiesen sich so trügerisch oder wenigstens übertrieben, wie in der Neuzeit die sanguinischen Aufwallungen mancher Japaner, die nach Auffindung eines fast 1 kg wiegenden Goldklumpens im Goldsande Jessos von einer Klondyke-Ära im Hokkaido phantasierten und schwadronierten.

Der Aufschwung, den Japans Bergbau in der Neuzeit genommen hat, erscheint enorm, wenn wir ihn mit den Verhältnissen in der Mitte des 19. Jahrhunderts vergleichen; er hat aber Japan nicht in die erste Linie der Bodenschätze fördernden Staaten gebracht und kann es voraussichtlich bei der Beschränktheit der im Schoße des Insellandes aufgespeicherten Vorräte nie dahin bringen.

Bei Beginn der neuen Ära, um das Jahr 1868, mag die Ausbeute japanischer Minen einen Wert von 3 Millionen Yen gehabt haben; der hat sich (ohne Hinzurechnung von Korea und Formosa) auf das Hundertfache erhöht und ist im Weltkriege 1918 auf mehr als 500, 1919 sogar auf mehr als 640 Millionen Yen gestiegen, um 1921 wieder auf etwa die Hälfte davon zu sinken.

Die Kupfererzeugung, für welche die Gruben von Beschii in Schikoku, Aschio und Hitacki im mittleren, Kosaka im nördlichen Hondo neben einer Menge kleinerer die Erze liefern, war im Jahre 1904 auf 24000 t und 1910 auf das Doppelte davon gestiegen. Bei der wachsenden Nachfrage im Weltkriege ging sie 1916 und 1917 über 100000 t hinaus und konnte auf 110—120 Millionen Yen bewertet werden, um dann bei den wachsenden Produktionskosten, die sogar Ankäufe in Amerika veranlaßten, 1921 auf 55 000 t im Werte von 33 Millionen Yen zu sinken. Ähnlich ging es im kleineren Maßstabe mit Zink, das in derselben Zeit von 39 000 t zu 27 Millionen Yen auf 15 000 zu 6 Millionen herabging, und in noch kleinerem mit Blei, Schwefel und Antimon.

Die Goldausbeute Japans darf für das Jahrfünft von 1917—1921 auf einen durchschnittlichen Jahresertrag von etwa 10 Millionen Yen geschätzt werden, desgleichen die des Silbers, die in den ersten drei Jahren über den Durchschnitt hinausging, zuletzt beträchtlich hinter ihm zurückblieb. Wichtiger als die Frage nach dem voraussichtlichen Ertrage der vielen kleinen Gold- und Silberminen ist die nach den in Japan vorhandenen Vorräten an Eisenerzen und Kohlen. Die Japanischen Inseln sind eisenarm. Wohl liefern die Kamaïschigruben ansehnliche Mengen, deren Verarbeitung sich im Weltkriege außerordentlich steigerte, aber für seine Eisengießereien und Stahlwerke in Yawata, Wakamatsu und Muroran bleibt Japan trotz Korea ganz überwiegend angewiesen auf Zufuhr aus den Vereinigten Staaten von Amerika und von China, das allein im Jahre 1921 mit 535 000 t fast drei Viertel der Gesamteinfuhr lieferte, während die einheimische Produktion des Insellandes nur 87 000 t, wenig mehr als ein Zehntel des Bedarfs, beisteuerte.

Die Steinkohlenlager Japans, meist bituminöse, also erdpechartige Kohlen tertiären Alters, werden seit fast 50 Jahren ausgebeutet und haben bisher vielleicht 400 Millionen t geliefert, davon die größere Hälfte im letzten Jahrzehnt, in dem der jährliche Durchschnitt, der 1886 noch unter 1,5, 1902 unter 10 Millionen t zurückblieb, in den Jahren 1918—1920 30 Millionen t erreichte. Es ist gewöhnlich ein bescheidener Überschuß über den heimischen Verbrauch zur Ausfuhr vorhanden gewesen, unter außergewöhnlichen Verhältnissen aber auch Zufuhr notwendig geworden. Im Vergleich zu der Kohlenproduktion Deutschlands (auch nach dem Weltkriege) und erst gar der Nordamerikas ist die Japans sehr klein. Die im Schoß der Erde ruhenden Vorräte werden recht verschieden eingeschätzt, immerhin sind sie derart, daß auch bei gesteigertem Verbrauch für ein Menschenalter und mehr Krisen, wie sie der Bedarf an Eisenerzen hervorrufen könnte, ausgeschlossen erscheinen.

Die Entdeckung von Petroleum im Flußgebiet des Schinano an Hondos Westküste und später im Hokkaido hat nicht den anfänglich gehegten Erwartungen entsprochen und deckt den Bedarf Japans nicht. Die Ausbeute, die 1895 erst 25 Millionen Liter betrug, steigerte sich 1900 auf 140, 1910 auf 240, wuchs 1914 über 400 und in den drei darauffolgenden Jahren sogar über 450 Millionen heraus, sank dann aber wieder unter 360, während der jährliche Verbrauch, an dem die Marine stark beteiligt ist, sich auf etwa 800 gesteigert hat.

Beschäftigt sind in den Petroleumwerken etwa 8000 Männer und 800 Frauen, während in Japans Gruben überhaupt 330 000 Männer und 108 000 Frauen arbeiten, davon im Kohlenbergbau allein 250 000 Männer und 95 000 Frauen.

Industrie

Schon seit Jahrhunderten haben die Japaner als geschickte und gelehrige Schüler der Chinesen Vortreffliches geleistet in der Herstellung von Schwertern, Rüstungen, Kunstgegenständen in Lack-,

Bronze-, Email- und Porzellanwaren (Abb. 24). Nicht viel war es, was auf holländischen Schiffen nach Europa gebracht wurde, aber schon Friedrich der Große und der sächsische Hof hatten ihre japanischen Liebhabereien. Als dann die Tore des Landes geöffnet wurden und nicht nur Kunstgegenstände die Aufmerksamkeit von Kennern erregten, sondern auf den Weltausstellungen — zuerst in Wien 1873 — die für den Geschmack der Kuriositätensammler im Auslande hergestellten Waren viele kauflustige und zahlungsfähige Abnehmer fanden, da gab es bald in allen Städten japanische Läden, und das Geschrei über die „gelbe Gefahr" ertönte von Leuten, die den Glauben hegten oder wenigstens zu hegen heuchelten. In der Sammlung Aus Natur- und Geisteswelt Nr. 87 und Nr. 72 haben mit Nachweisen über die spezielle Literatur Graul über „die ostasiatische Kunst" und Karl Rathgen über „die Japaner in der Weltwirtschaft" geschrieben. Auf die vortrefflichen Ausführungen Rathgens in der 2. Auflage (1911) seines gediegenen kleinen Werkes über den nicht leichten Übergang von Hausindustrie und Handwerk zu Fabrik- und Maschinenbetrieb, zu einer Großindustrie mit Dampf- und Wasserkraft sei hier nachdrücklichst hingewiesen. Der Geograph, den besonders die Veränderung in der Physiognomie des japanischen Stadtbildes interessiert, kann nur einige Momente herausholen. Der Staat ging den Handwerkergilden voran als gewerblicher Unternehmer und errichtete zunächst unter seinen Beamten aus dem Samuraistande Betriebe für die Ausrüstung von Armee und Marine. Seit 40 Jahren greift er nur hier und da fördernd ein und überläßt dem sich überall, besonders stark nach dem siegreichen Kriege gegen China, regenden Unternehmungsgeiste von Privatgesellschaften das Feld. Immerhin erreichte die Zahl der vor dem Ausbruche des Weltkrieges in den staatlichen Fabrikanlagen, vornehmlich in den Werkstätten des Reichseisenbahnamtes, der Zeughäuser und Schiffswerften, den Eisen- und Stahlwerken, der Staatsdruckerei, dem Münzamt und den Tabakfabriken beschäftigten Leute fast 140 000. Das sind 15 % der 1914 in etwa 30 000 Fabriken beschäftigten 900 000 Arbeiter. Ihre Zahl stieg in den Kriegsjahren schnell bis über 1,5 Millionen, bis dann das Nachlassen der Nachfrage zur Auflösung mancher Gesellschaften, zur Entlassung von Arbeitern, zu Krisen besonders in der Kupfer-, Eisen- und Schiffsbauindustrie führte. Selbst die mächtige **Baumwollenindustrie** blieb von dem Rückschlage nicht ganz unberührt.

Die erste große Baumwollenspinnerei wurde 1882 in Osaka gegründet, 10 Jahre später waren schon 39 Spinnereien mit 400 000 Spindeln im Betrieb, um die Jahrhundertwende überstieg die Zahl der Spindeln in 80 Betrieben 1 Million, erreichte 1907 schon 1,5, sank im folgenden Jahre etwas, um von 1909 an wieder zu steigen und im Weltkriege über 4 Millionen hinauszuwachsen.

Zu den kleineren Seidenspinnereien alten Stils treten zuweilen im Nebengeschäft der Baumwollspinnereien größere mit einer im letzten Jahrzehnt mehr als verdoppelten Spindelzahl. Auch Hanfwaren, z. B. Seile, Säcke, Netze, werden vielfach fabrikmäßig hergestellt, und die Tuchfabriken, deren erste 1876 eröffnet wurde, stiegen 1920 auf mehr als 300.

Elektrizitäts- und Gaswerke entstanden in allen größeren Siedelungen. Die Quelle für den elektrischen Strom lieferte zuerst 1887 in Tokio die Kohle; seit einem 1890 in Kioto gemachten Versuch ist man bei steigenden Kohlenpreisen mehr und mehr dazu übergegangen, einen Teil der in Japan reichlich vorhandenen Wasserkräfte — ganz abgesehen von den noch nicht ausgenutzten Flutströmen, z. B. in der Narutomeerenge — dafür zu verwenden. Während im Jahre 1912 erst 1,5 Millionen Haushalte sich elektrischer Beleuchtung erfreuten, waren es 1921 schon 6,9, davon 4,6 allein in den sechs Großstädten. Das drückte natürlich auf die Gasindustrie, die seitdem mit mehr oder weniger Erfolg neben dem Kohlengas durch Nebenprodukte, wie Koks und Teer, Einnahmen erzielt.

Der **mechanischen und chemischen Industrie**, die sich anfangs bei der Überlegenheit der Europäer und Amerikaner — obwohl man schon 1882 Uhren fabrizierte — nur tastend entwickeln konnte und vielfach darauf angewiesen war, fremde Kräfte heranzuziehen, brachte das letzte Jahrzehnt einen bedeutenden Aufschwung und, wenigstens solange der Krieg die fremde Konkurrenz lahmlegte, die günstigsten Konjunkturen in den Betrieben von Maschinen, Apparaten, Instrumenten und Farbstoffen.

Die Streichholzfabrikation, in der, wie bei den Strohflechtereien, beträchtlich mehr Frauen als Männer beschäftigt sind, hat bis in die neueste Zeit mehrfach Schwankungen durchgemacht; die Ware lockte die Käufer durch ihre Billigkeit, verlor sie dann aber oft wieder durch ihre Minderwertigkeit.

Neben Betriebe, die sich aus der alten Hausindustrie entwickelten, sind viele neue getreten. Große Mühlen, Brauereien, Zuckerraffinerien, Ölsiedereien und Fabriken für Fisch- und Gemüsekonserven gesellen sich zu denen für den altbeliebten Reiswein (Sake) und die jedem Japaner unentbehrliche würzige Soyatunke. Leder- und Gummiwaren werden neben Lack-, Steingut-, Porzellan- und Glaswaren, neben gefärbten Binsenmatten und Strohgeflechten, Spielzeug der verschiedensten Art, Schirmen, Bürsten und Knöpfen nicht nur für den Verbrauch im Lande, sondern als Ausfuhrartikel fabrikmäßig hergestellt (Abb. 23). Diese kurze, keineswegs vollständige Übersicht muß hier genügen, um eine ungefähre Vorstellung von der bunten Mannigfaltigkeit reger japanischer Industrietätigkeit zu erwecken.

Verkehrswesen und auswärtiger Handel

Im Jahre 1870, als unsere Schienenstränge den überraschend schnellen Aufmarsch unserer Heere gegen Frankreich vermittelten, gab es in Japan noch keine Eisenbahn. Als am 17. Oktober 1922 das fünfzigjährige Jubiläum der Eröffnung des Bahnverkehrs zwischen Tokio und Yokohama gefeiert wurde, hatte Japan ein zur größeren Hälfte erst im 20. Jahrhundert entstandenes Eisenbahnnetz von nahezu 13 000 km, davon fast 11 000 im Staatsbetrieb. Die Verstaatlichung der früher größtenteils Privatgesellschaften gehörigen Bahnlinien erfolgte 1906. Heute kann man von der Reichshauptstadt Aomori am Nordende der Hauptinsel in 17 Stunden erreichen und mit der Dampffähre in 4 Stunden über die Tsugarastraße nach Hakodate fahren, in 12 Stunden, ja sogar in 10 durcheilen die Schnellzüge die Strecke nach Kioto, 25 Stunden dauert die Fahrt nach Schimonoseki, von wo nach Ankunft jedes Zuges das Dampfboot hinübergleitet nach Moji. Für die Einrichtung der Schnellzugswagen lieferten die Amerikaner zuerst die Vorbilder. Man reiste in Japan bis vor kurzem erstaunlich billig, und doch rentierte die Bahn bei dem großen Personenverkehr. Die Kilometerpreise für die 3. Klasse, etwa die Hälfte der 2., ermäßigen sich mit der Länge der durchfahrenen Strecken; eine Fahrkarte 2. Klasse von Tokio nach Schimonoseki kostet nicht ganz 20 Yen, nach Kioto fast 12 Yen. Die Anlage der Bahnen im Gebirgsland war natürlich nicht immer leicht; trotz der vielen gesonderten Gebirgsgruppen sind Tunnelbohrungen (nach dem Japan Yearbook 25 über 60 m Länge) hier und da nötig geworden, besonders bei Querverbindungen im mittleren Teil Hondos; groß ist die Zahl der Brücken, von denen einige mehr als 1 km lang sind. Auf einzelnen Strecken ist man zum elektrischen Betriebe übergegangen und plant ihn in noch größerem Maßstabe. Das Doppelgleis einer elektrischen Bahn verknüpfte seit 1915 Tokio mit Yokohama durch Fahrten von 47 Minuten Dauer. Für die Trambahnen in der Nähe der Hauptstädte und in verschiedenen anderen Gegenden ist an Stelle der zuerst in Tokio 1883 verwendeten Pferde die Elektrizität in den Dienst gestellt, Kioto machte 1895 den Anfang, 1921 wurden von 178 Trambahnen 86 elektrisch betrieben auf Linien von mehr als 2000 km Länge, bei Osaka allein 200.

Automobilverkehr hat sich im letzten Jahrzehnt stark entwickelt und würde es wohl noch schneller getan haben, wenn nicht der Zustand mancher der in fünf Klassen eingeordneten Straßen neben hoher Automobilsteuer die Entwicklung hintanhielt. Auch Straßen der 2. Klasse (Bezirksstraßen) bedürfen noch vielfach der Instandsetzung. Natürlich sind auch hier die Brückenbauten wichtig, statistische Angaben sprechen von 350000 von mehr als 2 m Länge, darunter etwa drei Viertel aus Holz und Stein, ein Viertel Eisenkonstruktion.

Weniger im Landschaftsbilde bemerkbar, aber gewiß nicht weniger wichtig als der Bau der Brücken, die verschiedentlich noch in der Ausführung begriffene oder erst in Angriff genommene Regulierung von Flußläufen und die Versorgung großer Verkehrszentren mit gutem Wasser durch Leitungen aus weiterer Umgebung ist die Durchführung der Kanalisation in den größeren Städten.

Entsprechend der Entwicklung seines Seeverkehrs hat Japan auch seine Küsten vielfach ausgestaltet. Schutzbauten gefährdeter Strandpartien sind ausgeführt, und mehr als hundert Leuchttürme senden, abgesehen von Leuchtbaken, Leuchtbojen und Leitfeuern, bei Nacht ihre Blinke und Blitze hinaus in die See, die trotzdem alljährlich Opfer fordert. Für das Triennium 1918—1920 betrug im Jahresdurchschnitt der Verlust 62 Dampfer und 192 Segelschiffe mit 110 Toten, 39 Verwundeten und 168 Vermißten. Havarie erlitten in derselben Zeit alljährlich 928 Dampfer und 384 Segler. Die 1889 gegründete, vom Kaiser unterstützte Rettungsbootgesellschaft, neben der es noch eine verdienstvolle Seemanns-Rettungsgesellschaft gibt, zählt bereits 72 Hauptstationen und hat bis zum Jahre 1920 jährlich 244 Fahrzeugen und 1262 Seeleuten Hilfe in der Not gebracht.

Mit dem Wachsen der Schiffskörper waren natürlich umfassende Hafenbauten und Baggerungen nötig, sind doch allein im eigentlichen Japan nicht weniger als 36 Häfen dem Verkehr fremder Dampfer geöffnet. Der Ausbau dieser Häfen, zu denen noch 26 in Japans Nebenländern kommen, hat erhebliche Kosten verursacht. Die Ausgaben der letzten 30 Jahre werden auf 250 Millionen Yen geschätzt, von denen die Hälfte allein für die drei großen Häfen Yokohama, Kobe und Osaka verwendet wurde. Die Handelsmarine Japans stieg von 15 000 t im Jahre 1893 auf über 700 000 bis 1896, über 1,5 Million bis 1905 und über 4 Millionen bis 1920, sie zählte im Durchschnitt der Jahre 1920—1922 rund 2900 Dampfer (davon reichlich ein Viertel mit mehr als 1000 t) von zusammen reichlich 3 Millionen t und über 14 000 Segler (nur 3 über 1000 t) von zusammen fast 1 Million t, d. h. es hatte mit Frankreich, Italien und Deutschland zusammengenommen immer noch nicht so viel als die Vereinigten Staaten, geschweige denn Großbritannien. Von den in den Jahren 1921 und 1922 eingelaufenen Schiffen, 11 894 und 13 451, führten 9775 und 10 563 die japanische Flagge, der Schiffszahl nach 80%, der Frachtleistung nach 67%. Unter den fremden Schiffen stehen die britischen, 1104 und 1542 mit fast 12 Millionen t, fast 20% der Gesamtheit, weit voran; Deutschland war 1921 nur durch 2, 1922 aber schon wieder durch 52 Schiffe vertreten.

Weder die Warenausfuhr noch -einfuhr Japans erreichte in den 26 Jahren von 1868—1893 den Wert von 100 Millionen Yen, er steigerte sich für die jährliche Ausfuhr von 15 auf 91, für die Einfuhr in anfänglich schnellerem Ansteigen von 10 auf 88 und

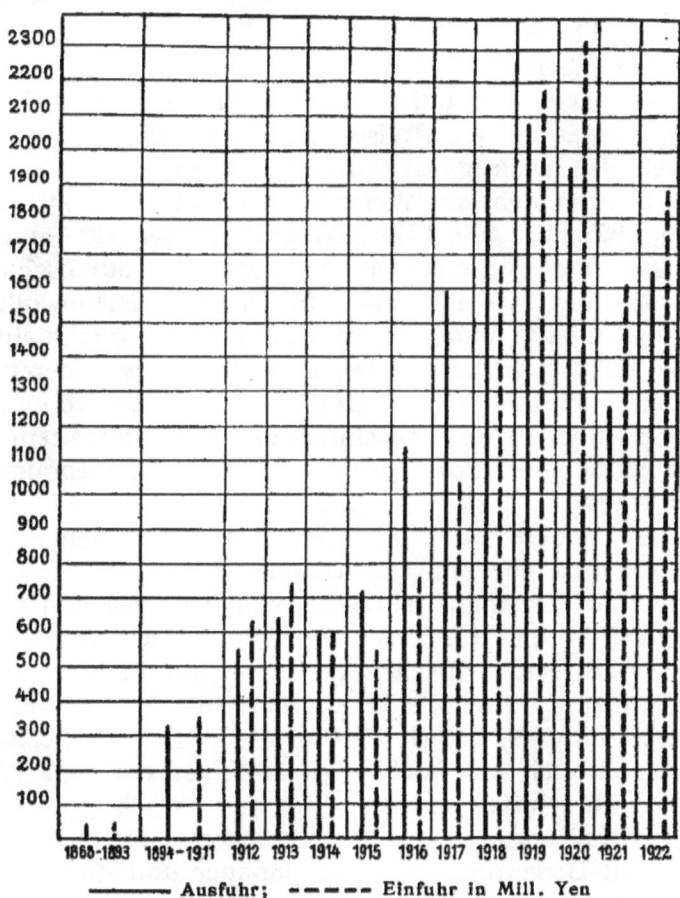

———— Ausfuhr;   – – – – Einfuhr in Mill. Yen

betrug im Durchschnitt des ganzen Zeitraums für jede von beiden je 39 Millionen Yen. In den folgenden 18 Jahren von 1894—1911 stiegen Ausfuhr und Einfuhr von 100 Millionen bis auf 500, und der Jahresdurchschnitt betrug für die Ausfuhr, die nur dreimal die Einfuhr übertraf, 306, für die letztere 348 Millionen Yen. Für die weiteren Jahre zeigt die Beträge der einzelnen Jahre in Millionen Yen die folgende Tabelle.

Jahr	1912	1913	1914	1915	1916	1917	1918	1919	1920	1921	1922
Ausfuhr	526	632	591	708	1127	1600	1944	2098	1948	1252	1637
Einfuhr	618	729	596	532	756	1030	1668	2173	2336	1614	1890

Die Ziffern geben eine übertriebene Vorstellung von dem Wachstum des auswärtigen Handels, wenn man vergißt, daß in ihnen auch eine Steigerung der Preise zum Ausdruck kommt. Auf die Frage nach den wichtigsten Ausfuhrartikeln Japans ist kurz zu antworten: Voran steht mit Werten, die 1920 fast 400 Millionen Yen erreichten, 1921 über 400, 1922 beträchtlich über 600 Millionen Yen hinausgingen, die Rohseide; dann folgen mit durchschnittlichen Werten von über 200 und 100 Millionen Yen Baumwollenartikel und Bauwollengarne und erst in weitem Abstande Kohle, raffinierter Zucker, Streichhölzer, Tee und eine Fülle anderer Erzeugnisse. Den Hauptartikel der Einfuhr bildet die Rohbaumwolle, dann folgen Roheisen und Maschinen und dann in weitem Abstand und einer in den einzelnen Jahren wechselnden Reihenfolge Zucker, Reis, Wolle usw.

Unter den Ländern, mit denen Japan Handelsbeziehungen unterhielt, stand noch vor zehn Jahren das britische Weltreich voran, ihm folgten die Vereinigten Staaten von Amerika und China. In den Jahren 1921 und 1922 war die Einfuhr aus den Vereinigten Staaten der aus dem britischen Weltreich gleich, wenn nicht, wie 1921, überlegen, die Ausfuhr Japans nach den Vereinigten Staaten betrug mehr als 40% der Gesamtausfuhr, während die nach dem britischen Weltreich mit noch nicht 20% von der nach China mit 30 und 25% übertroffen wurde.

Für die Erhaltung des Friedens auf dem Großen Ozean ist es jedenfalls von Bedeutung, daß die Japaner und die Riesenreiche zu beiden Seiten des Meeres nicht nur lebhaft empfundene Interessengegensätze haben, sondern vielfach aufeinander angewiesen sind.

Von den japanischen Hafenplätzen sind Welthafenplätze und Sitze der großen Reedereien: Osaka, Kobe und das aus seinen Trümmern neu erstehende Yokohama.

DRITTER ABSCHNITT

Die Landschaften Altjapans und des Hokkaido

*

Kiuschiu mit den Riukiu und Schikoku

Auf Kiuschiu und seinen Nebeninseln, einem Gebiet von 40 000 qkm, leben 8 Millionen Menschen, im Durchschnitt also 200 auf einem Quadratkilometer. Diese hohe Volksdichteziffer steigt auf das Doppelte in den vielen kleinen Tallandschaften und wird sehr gering in dem fast 2000 m aufragenden Schiefergebirge, welches die Reisfelder und Kulturen der schmalen Küstenzone von Nobeoka bis Miyasaki an der Ostseite der Insel umrahmt, und auf der von Waldschluchten durchschnittenen Hara an den Abhängen mancher vulkanischen Berggruppen. An der Südwestküste sind die Hohlformen zwischen den Bergen vom Meere bedeckt und bilden ein reichgegliedertes Gestade zwischen der bei der Südspitze eindringenden Bucht von Kagoschima und der von Omura und Sasebo, dem überraschend schnell zu einer Großstadt herangewachsenen Kriegshafen. Aus der Bucht von Kagoschima ragt empor der stattliche Inselvulkan von Sakura, der im letzten Jahrzehnt mehrmals die blühenden Gartenkulturen an seinem Fuße vernichtete, vor ihrem Eingang steht der schlanke Kegel des Kaimon, und im Norden von ihr erhebt sich der zweigipflige, kraterreiche Kirischima bis zur Höhe von 1762 m. Omura liegt am Fuße eines Vulkankegels, der die Brücke bildet zu der einem wunderlich verbogenen Kreuze gleichenden Halbinsel, in deren gegen den Ozean vorspringenden Arm die Bucht von Nagasaki eindringt. Auf dem mit der Doppelinsel Amakusa die Schimabarabucht vom Meere abgliedernden

Teile ragt der von Weltreisenden seiner Aussicht wegen vielbesuchte, hotelreiche Kegel des Unsen zu 1433 m Höhe empor. In der Umrandung der Schimabarabucht liegen als Mittelpunkte von Dorfgruppen, mit reichen Ernten an Halm-, Öl- und Gartenfrüchten, die Städte Saga, Kurume an dem bis zum Meere schiffbaren Tschikugo, Omuda unweit der Kohlenwerke von Miike, Kumamoto, im Osten überragt vom Asovulkan, und Yatsuschiro an der Mündung des trotz seiner Stromschnellen vom Talkessel von Hitoyoschi abwärts mit Booten befahrenen Kumagawa. Die Bewohner Kiuschius, welche den Schnee im Winter gelegentlich nicht nur an ihren Bergen, sondern auf den blühenden Zweigen ihrer Kamelienbäume sehen, lebten nicht nur von dem Ertrage ihrer subtropischen Bodenkultur und dem, was die See dem Fischer und dem friedlichen, oft auch kriegerischen Seefahrer bescherte, sie nutzten auch mancherlei Bodenschätze ihres Landes, pochten und wuschen Gold, gewannen Kupfer und Zinn und gruben Porzellanerde. Weder mit Edelmetallen, noch mit Eisenerzen ist Kiuschiu reich bedacht, auch die hochwillkommenen Kohlenschätze sind nicht groß. Etwas Anthrazit liefert Amakusa, jüngere Kohlenflöze bergen die tertiären Schichten im Hügellande des Nordwestens, auf der kleinen Insel Takaschima vor Nagasaki, im Hinterlande von Sasebo und besonders bei Miike und im Süden der Straße von Schimonoseki, wo sie den großen Stahlwerken von Wakamatsu, den Textilfabriken des alte Traditionen modern fortsetzenden Fukuoka und den Schiffsladeplätzen von Moji in erwünschter Nähe liegen. Moji ist an Stelle des benachbarten, von ihm überflügelten Kokura die Überfahrtsstelle nach Schimonoseki geworden, hier laufen die Eisenbahnen zusammen von Nagasaki, von Kagoschima, von Oita und bald auch von den südlich von ihm an der Ostseite Kiuschius gelegenen Städten.

Die Insel umfaßte früher neun Daimyofürstentümer, unter denen Bungo an dem gleichnamigen Eingangstore der Inlandsee, Hizen und Nagasaki und vor allem Satsuma an der Kagoschimabucht besondere wirtschaftliche und politische Bedeutung erlangten, heute ist sie in neun Ken gegliedert. Bungo, wo die ersten Portugiesen den Boden Japans betraten, bildet heute den Hauptbestandteil des Oita-Ken mit der Hauptstadt Oita an der Beppubai. Sie liegt im Süden des Kiuschiu als breit vorspringende Halbinsel angegliederten Vulkankegels Futago (746 m) und ist umgeben mit einem Kranz von Bädern der verschiedensten Art. Der Kagoschima-Ken umfaßt außer Satsuma und den zu ihm gehörigen Teilen der Inselbrücke nach Formosa auch die im Osten der Bai bis zum Leuchtturm des Kap Satano vorspringende Halbinsel Osumi. Zum Nagasaki-Ken gehören die grüngescheckten Hügel der Gotoinseln, Hirado, auf dem die Holländer zeitweilig am Anfang des 17. Jahrhunderts eine Handelsstation an dem schmalen, von den Schiffen auf der Fahrt von Nagasaki nach der Inlandsee benutzten Sunde hatten, Iki und Tsuschima, die wichtigen Landmarken für die Seefahrt über die Koreastraße. Tsuschima, in seinem Bau an das südöstliche Korea erinnernd, wird nicht, wie Rein 1905 schreibt und die Geologische Karte Japans vom Jahre 1901 vermuten ließ, durch eine von Westen tief eindringende Bucht in zwei Teile gegliedert, sondern durch einen nach Osten durch ein Inselchen zweigeteilten Sund völlig durchschnitten, wie es schon die 1849 von Takasiba Yeisangu im ungefähren Maßstabe von 1 : 1,1 Million in Tokio veröffentlichte Karte Japans dar-

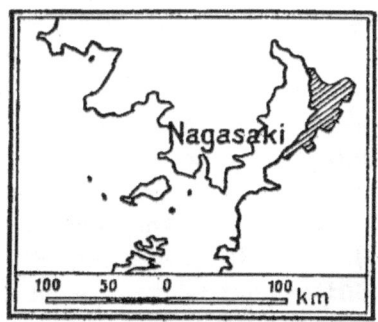

stellt, ähnlich dem Blatt des Geolog. Survey, 1 : 200 000 (1908), aber nicht der Mineral Map 1 : 400 000 (1916), die nur ein Ausgangstor angibt. Die Bevölkerung aller dem Nagasaki-Ken zugehörigen Inseln beziffert sich, niedriger als die des Kriegshafens von Sasebo, mit 125 000 Einwohnern. Nagasaki selbst ist herangewachsen zu einer Stadtgemeinde von 180 000 Seelen, Fukuoka, Kumamoto, Moji und Omuda sind in voller Entwicklung zu Großstädten. Nagasaki, bis zur Perryexpedition das einzige Tor, durch das Japan mit der Außenwelt in Beziehung trat, wird von Weltreisenden viel besucht und wird oft gepriesen wegen seiner schönen Lage an einer binnenseeartig von grünscheckigen steilen Hügeln umrahmten Bucht (Abb. 4 und 6); großartiger ist der Ausblick von den über der Kaufmannstadt gelegenen Stadtvierteln

Kagoschimas auf den Inselvulkan Sakura und die malerische Umgebung der Bucht. —
In der sechs Dutzend Inseln und viele Klippen umfassenden Inselgirlande zwischen Kiuschiu und Formosa lassen sich drei verschiedene Zonen unterscheiden, die nördlich des 30. Breitengrades vertreten sind durch das tertiäre flachwellige Plateau von Tanagaschima, durch den mächtigen, fast 2000 m emporragenden Granitstock von Yakuschima und durch eine zum Teil noch tätige Vulkanreihe, die sich von dem unruhigen Sakura in der Kagoschimabucht und dem schlanken, als 937 m hohes Wahrzeichen an ihrem Eingange aufragenden Bergkegel des Kaimon verfolgen läßt über das Schwefeldämpfe aushauchende und Schwefel liefernde, mehr als 700 m hohe Iwoschima nach den Linschoten und einigen Felsinselchen an der Westseite der Riukiuinseln. Auf diesen, die seit 1876 als Okinawa-ken dem japanischen Staate angegliedert wurden, ist die tertiäre Zone wie die vulkanische nur schwach vertreten, die größten Inseln bestehen im wesentlichen aus alten, von Graniten durchragten Schiefern. Daneben treten bei Miyakoschima und noch im Norden der Hauptinsel Okinawa gehobene Korallenriffe hervor, sie bilden z. B. auf Okinawa den Boden, auf dem Schuri, die alte Hauptstadt, erbaut ist, und liefern die Blöcke, die zum Schutz von Hütten und Gärten gegen die Taifune zu Wällen und Mauern aufgehäuft sind. Die Riukiuinseln, zusammen fast 2500 qkm mit nahezu 600 000 Bewohnern, bilden eine überwiegend waldarme, aber keineswegs kahle, sondern sorgfältig angebaute Kette meerumflossener Hügel mit Erhebungen von 400—700 m. Hier und da überragen Kiefern den Buschwald immergrüner Eichen; Sagopalmen und Bananen verkünden die Nähe der Tropen, und Reis- und Zuckerrohrfelder bekunden den Fleiß der Bevölkerung, die als ein eigenartiger, aber den Japanern nahe verwandter Volksstamm bezeichnet werden kann. Kabel und Dampferlinien verknüpfen die Inseln und in erster Linie Naba, die aufblühende, mehr als 50 000 Einwohner zählende Hafenstadt an der Südwestecke der Hauptinsel Okinawa, mit Kagoschima und anderen Verkehrsmittelpunkten des Kaiserreichs.

Schikoku mit 3 Millionen Menschen auf 18 000 qkm ist dicht bevölkert, aber nicht in dem Grade wie Kiuschiu; Kotschi, der Hauptort der die Tosobucht umrahmenden reichangebauten Landschaft, hat langsam die Grenze von 50 000 Einwohnern überschritten, und die größte Stadt der Insel, Tokuschima, am Ausgange des vom Yoschino durchströmten Längstales, hat kaum 75 000 Einwohner und zählt mit dem ihm jenseits der Kiistraße gegenüberliegenden Wakaschima gewissermaßen zu den Vororten von Osaka. Die beiden stattlichen Mittelstädte Takamatsu und Matsuschima gehören zur Umrandung der Inlandsee und sind mit vielen der kleineren Küstenorte nicht nur durch den althergebrachten Schiffsverkehr, sondern auch durch den Schienenstrang verknüpft. Die große Verkehrsader Japans aber führt nicht über Schikoku, sondern durch die vielen Städte des Schugoku an der Nordküste der Inlandsee von Schimonoseki nach Osaka.

An dem Kartenbilde Schikokus fällt außer der wie eine schartige Klinge gegen die Bungostraße vorgestreckten Halbinsel die Einschnürung zwischen der Bingo- und Tosobucht auf, die beide von je zwei nach Norden und Süden vortretenden Halbinseln flankiert sind. Diese Zweigliederung der Insel ist nur eine scheinbare, denn die Buchten trennt das Mittelstück jener Schieferzonen, die Schikoku der Länge nach durchziehen mit Gipfeln, die mehrfach 2000 und vereinzelt sogar 2200 und 2300 m überragen. Die nach Norden vortretenden Halbinseln sind geologisch ein Zubehör der Inlandsee und ihres Nordrandes, die nach Süden vortretenden bestehen aus Bildungen des erdgeschichtlichen Mittelalters und aus Tertiär, das auf der dreieckig gegen Kap Muroto vorspringenden Halbinsel ein kleines Kohlenlager umschließt. An Bodenschätzen lieferte Schikoku seit 1876 mit zeitweiliger Steigerung nach Ausbruch des Weltkrieges Antimon und seit Jahrhunderten an vielen Stellen Kupfererze, allerdings von nicht sonderlich hohem Metallgehalt. Die bedeutendsten Kupfergruben sind die von Besschi, einem Bergstädtchen östlich von Matsuyama (Abb. 20), unweit des höchsten Gipfels der Insel und der Quelle ihres größten Flusses. Zu erwähnen ist auf Schikoku neben dem landesüblichen Reisbau die Kultur des auch auf Kiuschiu gehegten Talgbaums und des vornehmlich im Südwesten der Insel viel angepflanzten, durch schöne große Blätter ausgezeichneten, aus China stammenden Papiermaulbeerbaumes.

Viel besucht wird von gläubigen japanischen Pilgern, denen seit Jahren eine Eisenbahn zur Verfügung steht, die berühmte Tempelstadt Katohira auf den Höhen im Süden von Marugame, einer hübsch gelegenen Küstenstadt mit altem Daimyositze im Westen von Takamatsu.

Die Inlandsee und die angrenzenden Teile Hondos

Mehr als 400 km lang und stellenweise über 100 km breit liegt zwischen dem Japanischen Meere und der Inlandsee Schugoku, der südwestliche Teil Hondos. Hin und her läuft über ein an tektonischen Störungen reiches, mehrfach 1000 m beträchtlich

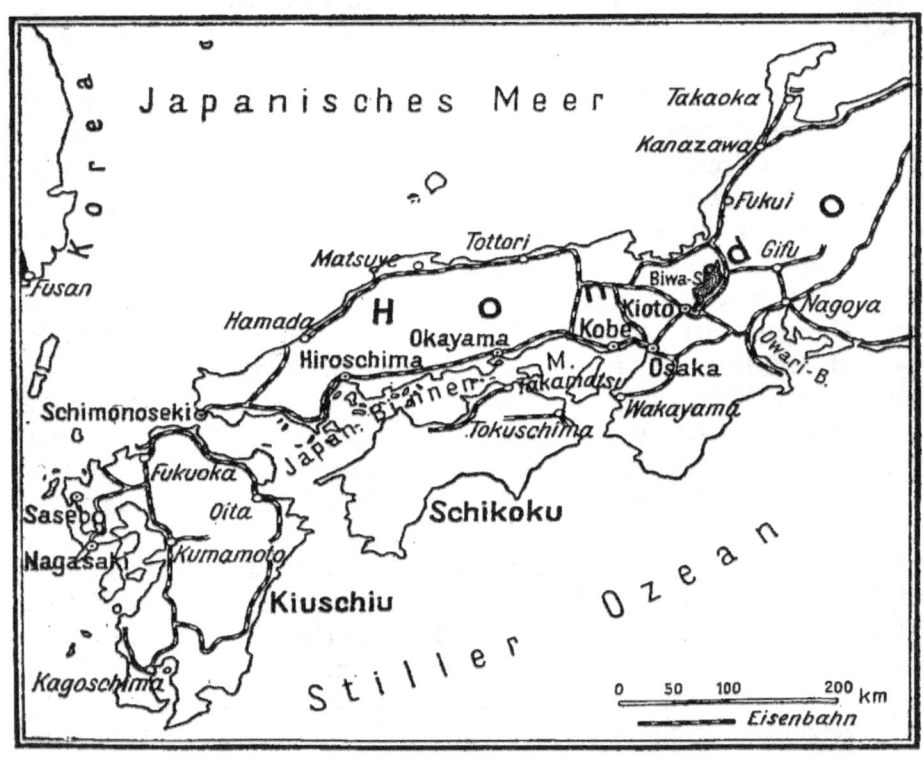

überragendes Bergland die Wasserscheide in der Art, daß, von vereinzelter Ausnahme abgesehen, der breitere Streifen mit den größeren, teilweise von Booten befahrenen, vornehmlich der Bewässerung der Reisfelder dienenden Flüssen zum Entwässerungsgebiet der Inlandsee gehört. Die langgestreckte Landschaft, durch welche — wie heute die Haupteisenbahnlinie — seit Jahrhunderten die Verkehrsstraße zwischen Kiuschiu und den Hauptstädten Kioto und Tokio lief, wurde von den Japanern als der Sonnenweg bezeichnet, im Gegensatze zum Schattenwege, dem im Norden der Berghöhen längs der Japanischen See hinziehenden Küstensaum mit schneereicherem Winter, geringeren Ernteerträgen und geringerem Verkehr zwischen den strohgedeckten Hütten der Fischerdörfchen am niedrigen, aus- und einspringenden, hier und da auch von sandigem Strand unterbrochenen Kliffufern. Unter den Hafenstädten treten hervor Hamada im Westen und im Osten Tsuruga an der Wakasabucht, an deren durch einen Wechsel kleiner formenreicher Vorsprünge und Ufereinschnitte ausgezeichnetem südlichen Gestade neben Obama und Maidsuru besondere Erwähnung verdient Miyadsu, wegen einer durch bizarre Felsformen und eine bewaldete Nehrung ausgezeichneten, zu den „Sehenswürdigkeiten" Japans gerechneten Uferpartie seiner näheren Umgebung. Die größte Siedelung der Schattenseite und speziell der alten, an Schintoheiligtümern reichen Kulturlandschaft Idsumo ist das in küstennaher Talung zwischen den Wasserspiegeln des Schindschisees und der Nakalagune freundlich gelegene Matsuye, in dem sich Lafcadio Hearn als Lehrer des Englischen an der Mittelschule und dem Lehrerseminar so glücklich gefühlt hat in liebevoller Vertiefung in das Seelenleben und die Sitten und Gebräuche der aus Korea stammenden Bevölkerung. Im Osten von Matsuye ragt aus dem Küstengelände stolz empor der über 1800 m hohe Kegel des Daisen, hinübergrüßend zu der, auf der Spitze eines unterseeischen Sockels gelegenen Inselgruppe Oki mit dem von Fischerdörfern und dem Hafenstädtchen Saigo umsäumten, über 600 m hohen Waldgebirge von Dogo.

Die Sonnenseite Schugokus verdankt ihre dichte Bevölkerung nicht nur der größeren Ausdehnung des für den Reisbau geeigneten Geländes, sondern vor allem den größeren Verkehrszentren. Zwischen dem 70 000 Einwohner zählenden Schimonoseki und dem über 600 000 hinausgewachsenen Kobe liegen außer Hiroschima, Kure und Okayama mit einer Bevölkerung von 170 000, 160 000 und 100 000 Seelen noch eine ganze Anzahl belebter Hafenstädte und Vorhäfen neben Küstenplätzen mit Salzgärten und Seebädern. Außer der in vielen Ortschaften von Schugoku betriebenen Seidenzucht, Tee- und Baumwollenkultur wird an einigen Stellen der Landschaften westlich und östlich von Hiroschima Binsenflechterei und Herstellung von Bastmatten gewerbsmäßig betrieben. Sehr mannigfaltig, wenn auch in ziemlich engen Grenzen, gestaltet sich die Ausnutzung der Bodenschätze in dem durch eine wechselvolle geologische Vergangenheit ausgezeichneten Lande. Eisen, und zwar nicht nur, wie schon in alten Zeiten, Eisensand, sondern Eisenerz, wird an einigen Orten der weiteren Umgebung von Matsuye gewonnen und verschiedentlich bearbeitet. Kupfererze werden auf beiden Seiten der Wasserscheide in einer ganzen Anzahl kleiner Betriebe gefördert. Große Erwartungen knüpfte man einmal an das unter Leitung von Franzosen eröffnete Silberbergwerk von Ikuno. Kohlen finden sich außer in der Umgebung von Schimonoseki nur in kleinen Nestern tertiärer Becken.

Von der Straße von Schimonoseki bespült bis zur Bai von Osaka die ganze Südküste des langgestreckten Schugoku die durch Inseln und Inselschwärme in sechs 25—50 km breite Becken und Bodden oder Nada gegliederte Inlandsee, welche durch enge Pforten zu beiden Seiten von Schikoku verknüpft ist mit den zum Großen Ozean breit geöffneten Buchten von Bungo und Kii (Abb. 11 u. 12). Auf die große Bedeutung der überaus reich gegliederten, 460 km langen Inlandsee für Japans Kulturentwicklung ist bereits nachdrücklichst hingewiesen. Hier entwickelte sich in einem milden, aber nicht verweichlichenden Klima auf weitverzweigten Gewässern, im Schutze vor dem furchtbaren Wogenschwall des oft von Taifunen aufgewühlten Ozeans, zwischen verschiedenen Landschaften ein lebhafter Verkehr, bei dem Fischer und Frachtschiffer nie die mannigfach gestalteten Landmarken aus den Augen verloren und sich im Falle von Unwetter bald an geschützten Stellen bergen konnten. Anforderungen an die Aufmerksamkeit der Bootsführer bei der Handhabung von Ruder, Segel und Steuer wurden in dem oft gewundenen Fahrwasser trotzdem gestellt. Es galt Einprägung unzähliger Landmarken und Kenntnis der Strömungen, welche Ebbe und Flut erzeugten, mit einem Tidenhub, der in der Umgebung von Bingonada stellenweise bis zu 4 m erreichte. Gefürchtet waren die Engen von Naruto. Die Strömungen sind für die Gestaltung und Beschaffenheit des Untergrundes von Bedeutung, weniger für die durch Tektonik, Verwitterung und Brandung bedingte Gestaltung der Ufer, auf welche die Strömungen, wenigstens die kleinen Ausgleichs- oder Neerströmungen, nur sehr geringen Einfluß haben. Mehr als 300 Inseln von über Hektargröße entragen neben vielen kleinen Felshöckern und Türmen dem Spiegel der Inlandsee. Sie bestehen überwiegend aus granitischem Gestein, nur vereinzelt finden sich jüngere Eruptivbildungen, wie der 800 m überragende Gipfel von Schoda an der Harimabai. Oft stehen auf unbewohnten ockergelben Felsen nur einige bizarre Kiefern, auf größeren Inseln liegen grauschimmernde Dörfchen neben terrassierten Reisfeldern und baumgeschmückten Tempelhügeln. Berühmt ist die heilige Insel Miyaschima, von der man hinüberblickt nach der großen Hafenstadt Hiroschima auf einem von Kanälen durchschnittenen Deltalande vor freundlichen Höhen; reichgegliedert sind Noschima vor der schönen geräumigen Hafenbucht von Kure und weiter im Süden, die Akibai umrahmend, Yaschiro mit dem 600 m überragenden Gipfel aus vulkanischem Gestein. Die größte Insel, mit mehr als 500 qkm und einigen 500 m überragenden Waldhöhen, ist das sagenumwobene, sehr dicht bevölkerte alte Kulturland von Awadschi im Süden der die Harima- und Osakabai verknüpfenden Akaschistraße, mit viel freundlichen, ackerbautreibenden Dörfchen und kleinen, Zündhölzer und Steingut fabrizierenden Städtchen. Zu beiden Seiten der Kreidesandsteinhöhen des südlichen Awadschi führen die Naruto und die für Kobe und Osaka wichtige Yurastraße hinaus zur Kiibucht und dem Ozean. —

Noch immer kreuzen viele rostfarbene Segel neben Lokaldampfern, großen Fracht- und Personendampfern das einen unendlichen Wechsel von Land- und Seebildern darbietende Binnenmeer, noch immer bildet es ein im Schoße des Landes in seinem regen

Treiben vor jedem Feinde gesichertes Gebiet, während es den eigenen Schiffen jederzeit Zuflucht und freie Ausfahrt gewährt nach verschiedenen Seiten. Es ist umgeben von dichtbevölkerten Gauen und großen Städten und war die eigentliche Erziehungsstätte des japanischen Volkes. Warum die Inlandsee die Hauptverkehrsstraße bildete, das tritt recht deutlich vor Augen, wenn man liest, daß Ferdinand von Richthofen mit der seetüchtigen Thetis im Februar 1861 fast 18 Tage brauchte, um über den stürmischen Ozean von Tokio nach Nagasaki zu gelangen. Noch heute liegen zwei der für den Weltverkehr in Betracht kommenden Häfen Japans im Hintergrunde der Inlandsee. Im Schnellverkehr des Landes ist sie durch den Schienenstrang vom ersten Platze verdrängt.

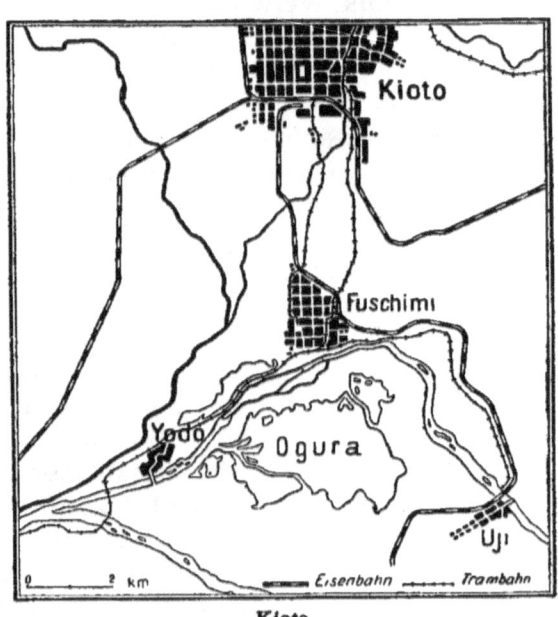

Kioto

Zum Entwässerungsgebiet der Inlandsee gehören die „fünf Stammprovinzen" des Gokinai, in dessen Fruchtgefilden schon vor 2000 Jahren die Go-koku, die fünf wichtigsten Kulturpflanzen Altjapans (Reis, Weizen, Hirse, Hanf und Bohnen) reiften, zu denen sich später die Seidenzucht, Tee- und Baumwollenpflanzungen und eine hochentwickelte Kunstgewerbetätigkeit gesellten. Der Hauptfluß dieses Gebietes, der Yodagawa, entsteht durch Vereinigung des Biwaseeabflusses, der nach 25 km langem Laufe bei Uji aus gewundener Erosionsfurche in die Ebene tritt und den 20 m hoch gelegenen flachen Ogurasee, vorüber an Fuschimi und Yodo, im Norden umfließt, mit den von Kähnen und Flößen befahrenen, von Südost und Nordwest sich entgegeneilenden Flüssen Kizu und Katsura. Auf dem Wege zu der 35 km entfernten Meeresbucht trägt der Yodogawa, der sich zuletzt in ein durch Regulierungen vielfach umgestaltetes Delta verzweigt, als eine von jeher wichtige Verkehrsstraße viel Frachtkähne und Lokaldampfer, obwohl das Fahrwasser zwischen Sandbänken und langgestreckten Inseln in dem stellenweise über 500 m breiten Flußbett kein ideales genannt werden kann. Dicht neben dem Yodogawadelta mündet bei Sakai, das lange vor Osaka ein lebhafter Handelsplatz war, der Yamato, der seine Quellbäche in einer 30—35 km langen und 10—15 km breiten, von waldigen Höhen umfangenen Talmulde sammelt, bevor er sie durch die westliche Umrandung in kurzem Gürtel der Küstenebene zuführt. Dieses Quellgebiet des Yamatoflusses bildet mit einer zwischen 80 und 100 m Meereshöhe gelegenen Talmulde den Kern jener nach dem Flusse genannten Kulturlandschaft, deren wichtigste Siedelung, Nara, bis zum Ende des 8. Jahrhunderts die Residenzstadt Japans war. Seine historische Bedeutung und seine Leistungsfähigkeit bekundet heute noch in der durch alte Kaisergräber und Tempel bemerkenswerten Mittelstadt die gewaltige bronzene Buddhastatue, die selbst diejenige Kamakuras an Größe und ehrwürdigem Alter übertrifft. Den am Fuße fast 500 m hoher Waldberge gelegenen Kasugatempel umgibt ein vielbesuchter Hirschpark; eine vortreffliche Aussicht auf die in Grün gebettete Stadt inmitten einer lieblichen Kulturlandschaft gewährt die benachbarte Tempelhöhe von Tamuke (Abb. 2 u. 5).

An Stelle Naras trat 794 als Residenz das kleine Kioto, das seine Vorgängerin bald überflügelte und heute mit seinen 600 000 Einwohnern zehnmal so groß ist. Kioto liegt zwischen 25 und 50 m Meereshöhe in einer nach Süden weit geöffneten Talmulde, inmitten einer an Tempeln und Klöstern reichen Umrahmung von Hügeln und Bergen. Nord-Süd-Straßen von 6, West-Ost-Straßen von 3 bis 4 km Länge gliedern das Häusermeer mit dem alten Kaiserpalast, dem prunkvolleren Schloß der Schogune und vielen Tempeln, Stätten, an denen der Kunsthistoriker eine Vorstellung gewinnt von dem, was die japanische Kunst vergangener Jahrhunderte zu leisten imstande war. Kioto ist seit 1868 nicht mehr Residenz, aber es blieb als Universitätsstadt ein Mittelpunkt geistigen Lebens und wurde aus einem Zentrum blühenden Kunstgewerbes eine betriebsame Fabrikstadt. Von der Umgebung von Otsu, neben Hikone

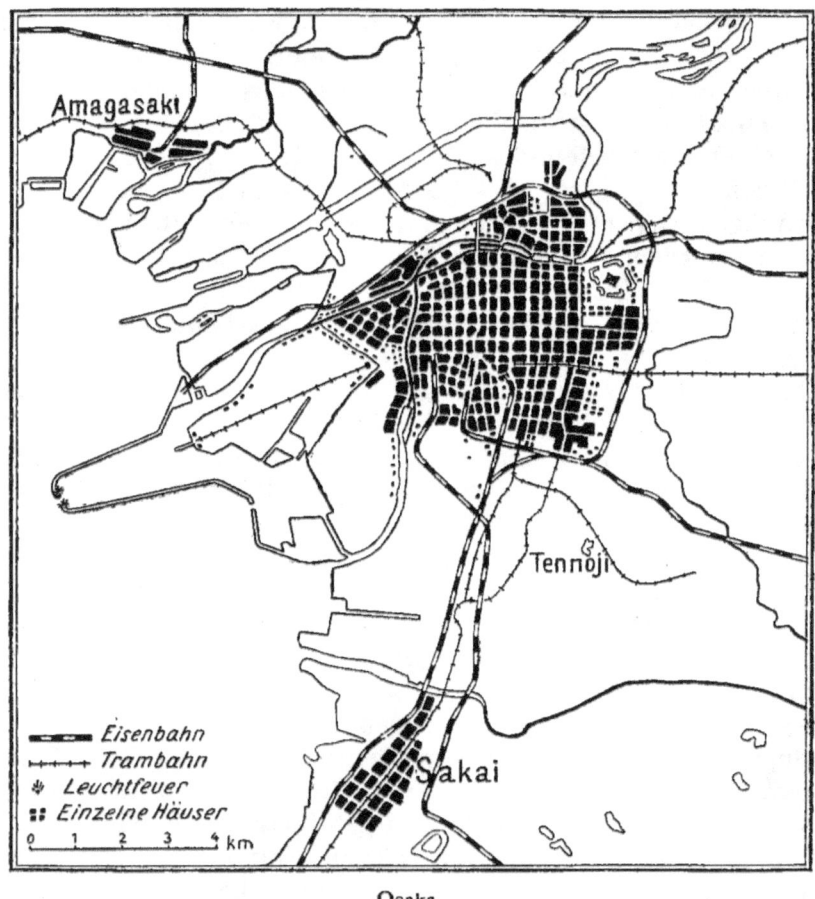

Osaka

der größten Siedelung der Umgebung des Biwasees, ist von dem 87 m hohen Seespiegel durch die mit vielen Teepflanzungen bedeckten Hügel mit Durchstechung zweier Tunnel ein Kanal geführt, dessen zum Kanogawa niederstürzende Fluten die Kraftquelle liefern für elektrische Betriebe und zugleich für die Schleppbahn, welche Boote hinaufzieht zur Kanalfahrt nach dem Biwasee. Neben den Eisenbahnlinien, die Kioto nach allen Himmelsrichtungen hin mit den großen Hafenstädten verknüpfen, durcheilen auf verschiedenen Geleisen elektrische Trambahnen die Gefilde des alten Gokinai bis über Osaka und Kobe hinaus.

Die Fabrikstadt Osaka (Abb. 3), mit 1,25 Million Einwohnern die zweitgrößte Stadt Japans, wuchs seit dem Ende des 16. Jahrhunderts empor am Fuße einer Daimyoburg, deren mächtiger, aus gewaltigen Quadern zusammengefügter Unterbau berechtigtes Staunen erregt. Osaka (Abb. 3), wie Petersburg durch die Gunst der Lage bevorzugt, hat, wie die Gründung Peters des Großen, um die möglichen Vorzüge ausnutzen zu können, an der Umgestaltung der näheren Umgebung energisch arbeiten müssen durch Regulierung der Wasser-

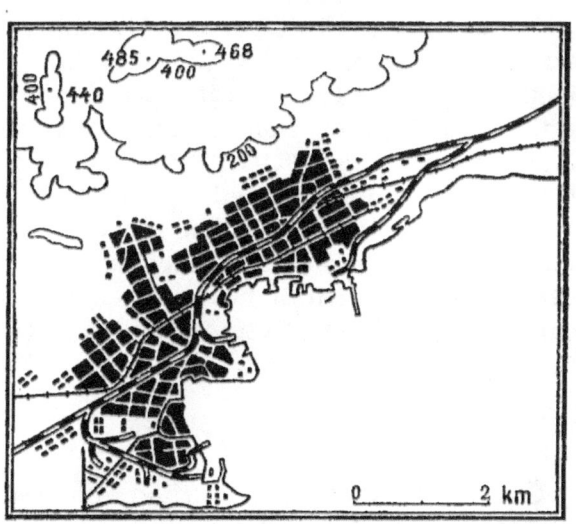

Kobe

läufe im niedrigen, vielfach sumpfigen Deltaland und schließlich durch den Bau 3 km weit vorspringender Molen, um großen Dampfern am flachen Ufersaum sichere Anker- und Ladeplätze zu schaffen. In der Beziehung war weit bevorzugt das gegenüberliegende Kobe, welches mit Hi-go zu einer großen See- und Fabrikstadt von mehr als 600000 Einwohnern geworden ist, in der Umrandung einer Doppelbucht am Fuße schöner Waldberge. In der Einfuhr, an der wie bei Osaka Eisen- und Kupfererze stark beteiligt sind, hat Kobe sogar schon Yokohama übertroffen, während es bei der Ausfuhr, selbst mit Osaka zusammen, bis zum großen Erdbeben 1923 noch erheblich hinter Japans erster Seestadt zurückblieb.

Von dem starken Pulsschlage modernen Lebens ist in der breit vorspringenden Halbinsel Kii im Gegensatz zu den Umgebungen der Osakabai wenig zu spüren. Der im Süden des Yamatogaues fast 1900 m emporragende Omine war von jeher ein Ziel vieler Wallfahrer, ebenso wie das Tempelstädtchen Koja auf den Höhen im Süden des langgestreckten, sich westwärts nach Wakayama hinabsenkenden Tales. Etwas Eisen wird neben Kupfer in der weiteren Umgegend des Omine gewonnen, ergiebiger ist an Kupfererzen der Bergbau bei Wakayama und an mehreren Stellen der Umgebung des Hafenstädtchens Schingu, zu dessen Ausfuhrartikeln auch in der Nähe geförderte Kohle gehört. Reisfelder und Gemüsebeete in den Tälern, Pflanzungen an den Abhängen waldiger Berge mit Kampfer-, Maulbeer-, Talg- und Orangebäumen erinnern an manche Partien im Süden von Kiuschiu und Schikoku. Dörfer und Städtchen reihen sich aneinander und bilden an dem besonders im granitischen Südosten durch viele kleine Buchten und Vorsprünge gegliederten Gestade den Saum einer lieblichen Landschaft im subtropischen Pflanzenkleide.

Mittelhondo

Östlich der Kiihalbinsel dringt, mehr als 1000 qkm bedeckend, die große Owaribai tief in das Land. Ihre Verbindung mit dem Ozean wird verengt durch einige kleine Inseln vor dem Hafen von Toba und besonders durch eine scharf von Osten her vorspringende Halbinsel, hinter der sich, zweifach gegliedert, eine Seitenbucht ausbreitet als unterseeische Fortsetzung des flachen Talbodens der stattlichen Mittelstadt Toyohaschi und der Talfurche eines Flüßchens, das durch Senkung verwandelt wurde in die Schitabai mit dem Hafen von Take. Im innersten Winkel der Umrandung der Owaribucht liegt Nagoya, eine Stadt von 450 000 Einwohnern, ein Eisenbahnknotenpunkt der großen Verkehrsader Japans. Nagoya ist keine Seestadt; das mehrfach überbrückte Flüßchen, welches dem kleinen Seeschiffen zugänglichen Atsuta zustrebt, trägt nur flachgehende Fahrzeuge. Von der Höhe des stattlichen, zwiefach von mächtigen Mauern umgürteten alten Daimyoschlosses schweift der Blick über die zwischen Dächern und Tempeln hervorragenden stattlichen Kiefern nach der einen Seite bis zur Meeresbucht, nach der andern über den von Höhen umrahmten Talboden, welchen der Kiso durchfließt, vorüber an Reisfeldern zu Füßen von Hügeln mit reicher Baumwollen- und Seidenkultur und vorüber an dem 1891 durch ein schweres Erdbeben heimgesuchten Gifu. Als Ferdinand von Richthofen 1871 von dem durch seine Porzellanmanufaktur berühmten Seto auf guter Straße, zwischen gestutzten Hecken und Bambushainen nach Nagoya hinabwanderte, hebt er rühmend hervor, daß selbst die unfruchtbaren Stellen der reichen Kulturlandschaft von den Japanern in einen Garten verwandelt seien. Vorüber an Kumana neben dem Delta des Kiso und der Hafenstadt Yokkaitschi führt die Hauptbahnlinie westwärts nach den Großstädten des Gokinai, Nebenlinien zweigen sich ab durch die kleine Binnenlandschaft von Uyeno nach Nara und durch den dichtbevölkerten Ufersaum des alten Gaues von Ise nach Tsu und dem von berühmten alten Tempeln der Sonnengöttin umgebenen Yamada. Ostwärts nach Tokio zu durchzieht die Hauptbahn wie der alte Tokaido zwischen Toyohaschi und Schidzuoka, der 75 000 Einwohner zählenden Stadt an der Surugabucht, ein flachwelliges, an kleinen Siedelungen reiches Land, in dem sie westlich der ansehnlichen Mittelstadt Hamamatsu eine flache Bucht und östlich von ihr das breite Bett des Tenriu überschreitet.

Zwischen der Surugabai und der für Untersuchungen der Meeresfauna so bedeutungsvollen Sagamibai springt als Fortsetzung des durch seinen See, seine heißen Quellen und die von Europäern gern besuchte Sommerfrische Miyanoschita bekannten Hakonegebirges die Halbinsel Idsu 55 km weit vor, auch sie reicher an heißen Quellen und Naturschönheiten als an Bodenschätzen, unter denen Gold aus der Nähe von Yugaschima zu erwähnen ist. Das felsige, von reicher Vegetation umkleidete Gestade Idsus wird durch eine Anzahl kleiner Buchten gegliedert, unter denen der Hafen von Schimoda Erinnerungen erweckt an die Zeit, wo die Amerikaner mit ihm wie etwa die Holländer mit Desima in Nagasaki abgefunden werden sollten. Etwa in der Längsachse der Halbinsel durchzieht heute ein Schienenstrang das Tal des Kanogawa, der sich unweit Numadsu in die durch ihre Ausblicke auf den Fudschi berühmte Enoura ergießt. Beherrscht werden alle sich den Anwohnern der Surugabai darbietenden Bilder durch die imponierende Gestalt des **Fudschi**, die sich in ihrer ganzen Höhe vom dünenumsäumten Fuß bis zur

Der Fudschi 1 : 300000

stolzen Stirn vor ihnen aufreckt, immer dieselbe und doch immer wechselnd im Laufe der Tage und der Wochen, je nach Belichtung, Bewölkung, Färbung des Vegetationsmantels und Schrumpfung der Schneekappe. Junge Laven und Lockermassen bauten den Riesen auf über einem aus tertiären vulkanischen Gesteinen bestehenden Untergrunde, einem Zubehör des kuppenreichen Mittelgebirges um den Hakonesee und auf Idsu. Nach Westen hin wird das Fudschigebiet von dem aus alten Schichtgesteinen bestehenden Akaischigebirge, das im Schirane 3150 m Höhe erreicht, ungefähr getrennt durch das fruchtbare Tal des der Surugabai zueilenden Fudschigawa (Abb. 1), der seine Quellbäche sammelt auf dem Talboden von Kofu, zu dessen sorgfältigen Kulturen sich häufiger als sonst in Japan auch die der Weintrauben gesellt. Der Nordosten des Fudschi, mit den Seen an seinem Fuße, gehört zum Entwässerungsgebiet des Sagami, der in malerischem, für Bootsfahrten beliebten Felsental die im Oyama gipfelnden Höhen umfließt, bis er hinaustritt in das die Tokiobucht umfangende Tiefland und sich nach Süden der Sagamibucht zuwendet. Von ihrem tiefen Becken zweigt sich die

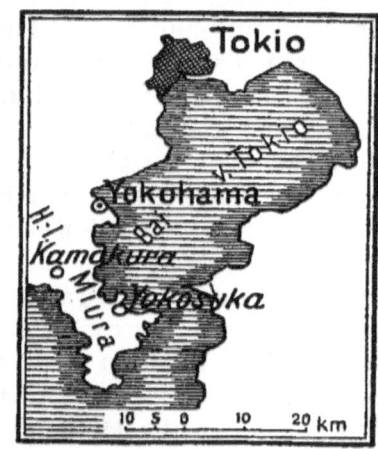

flache Bai von Tokio ab zwischen zwei hügeligen Halbinseln. Die größere, östliche, durch das Schwemmland des unteren Tonegawa mit dem Körper von Hondo verknüpfte, ist mit Dörfern und Kleinstädten reich besiedelt, sowohl längs der mannigfach gegliederten Küste, als in den freundlichen Tälern zwischen Höhen, unter denen der Kanosan nicht der höchste, aber der wegen seiner gepriesenen Aussicht besuchteste ist. Maßgebende Bedeutung für Japans Geschichte und wirtschaftliche Entwicklung hat die Halbinsel nie gehabt, an Bodenschätzen wird ein wenig Eisenerz gewonnen, die Produkte der Fischerei und der Kulturen kommen für den Markt von Tokio in Betracht, neben denen der kleinen gegenüberliegenden Halbinsel Miura. Zwischen ihren mit stattlichen Kiefern über immergrünem Unterholz geschmückten, nirgends zu 300 m emporragenden Höhen liegen, von wohlgepflegten Gärten und Bambushainen umgeben, inmitten sorgfältig bestellter Felder zwischen Mischwald, Gebüsch und einförmigen Forsten, Einzelhöfe und Reihendörfer von Kleinbauern, an deren Häuschen neben den Reisfeldern der Talsohlen sich weiter abwärts die Fischerhütten an schmalen fjordähnlichen Buchten gesellen. Diese unter das Meer getauchten unteren Partien der Erosionsschluchten bekunden eine Senkung, die aber, wenigstens stellenweise, schon wieder durch eine Hebung von 10 m abgelöst ist. Bis zu dieser Höhe fand Ferd. von Richthofen im Oktober 1860 Bohrmuscheln im Kliffufer südlich von Yokohama. Im Nordwesten Miuras, unweit des Strandes der Sagamibucht, liegt das historisch denkwürdige Kamakura, von dessen einstiger Bedeutung als Residenz der Schogune in mehr als 3 Jahrhunderten noch heute die von Waldesfrieden umgebene Buddhastatue zeugt. Reges Leben herrscht an der Ostseite der Halbinsel in dem von Schiffbau und Schiffahrt belebten Uraga, noch regeres in dem gewiß sehr sehenswerten, aber den neugierigen Fremden versperrten Kriegshafen von Yokosuka, an der für etwaigen Empfang feindlicher Flotten sorgfältig instand gesetzten Pforte zur Bucht von Tokio und den vielen industriellen Betrieben ihrer der Reichshauptstadt nahe liegenden Küstenpartien. 15 km nördlich von Yokosuka hat sich Yokohama in 70 Jahren zu einem Weltverkehrshafen entwickelt, zu dem eine 200 m breite Lücke in den fast 4 km langen bogenförmigen Molen die Haupteinfahrt bildet. Wo früher im vielfach versumpften Talboden einige Fischerhütten standen zwischen den gefurchten Lehnen einer 50 m hohen Terrasse, dehnte sich das Häusermeer der schnell über 400 000 Einwohner hinaus gewachsenen Stadt, auf den freundlichen Hügeln im Süden

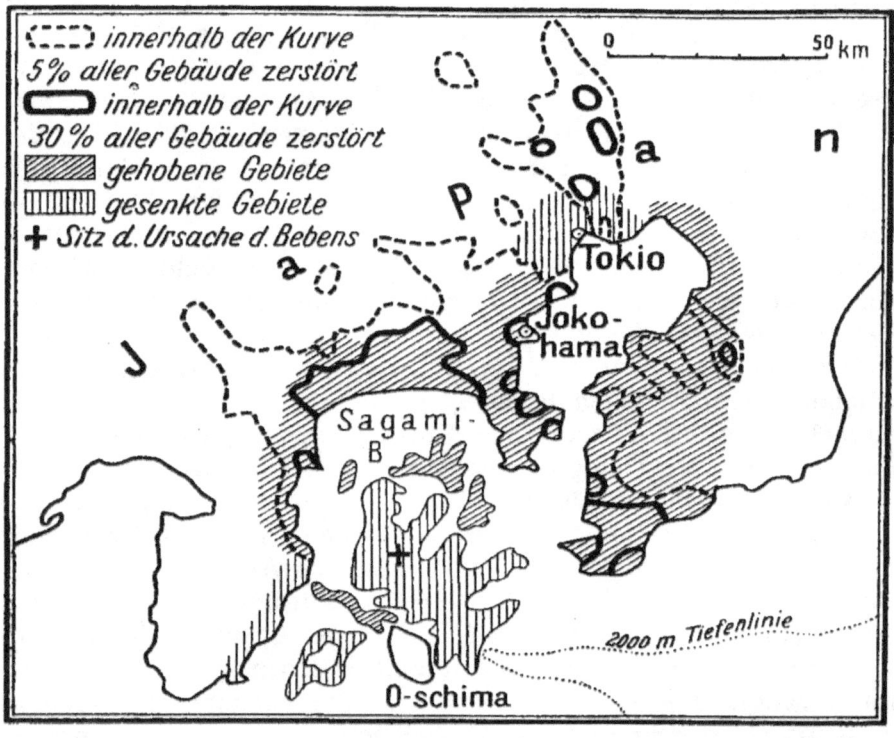

der Geschäftsstadt breitete sich das Villenviertel aus. Furchtbar hat das Erdbeben vom 1. September 1923 hier, wie in Yokosuka, die Gebilde der Menschenhand zerstört, aber mit Energie und Umsicht ist der Wiederaufbau in Angriff genommen (Abb. 15, 18, 21).

Im Hintergrunde einer 60 km weit in das Land dringenden Bucht, die doppelt so groß ist wie der Bodensee oder das Stettiner Haff, liegt die Hauptstadt des Kaiserreichs, deren weit verstreute, von mehr als 2 Millionen Menschen bewohnte Häuser und Häuschen einen Raum bedecken, der mit seinen fast 200 qkm größer ist als das von der Berliner Ringbahn umschlossene Gebiet. Ein langweiliges großes Dorf, wie man billig und schlecht das alte weitläufig gebaute Jeddo mit seinen Daimyohäusern um die alte Tokugawaburg und seinen locker aneinandergereihten Holzhütten mit und ohne Aufbau oft charakterisiert hat, war Tokio längst nicht mehr, mit Ringbahn, Stadtbahn und elektrischen Straßenbahnen, Palästen und Kaufhäusern mit großen Schaufenstern (Abb. 7, 8, 9). Nicht von allen wurde die Umwandlung als Verschönerung empfunden. Stark beeinträchtigt wurde so manches moderne Straßenbild durch die Überfülle von Hochspann-, Telegraphen- und Telephonleitungen, welche, getragen vom Gestänge hoher Pfosten, über Giebel und Dächer häßliche Streifen paralleler Linien zogen durch das heitere, von Silberwölkchen umflatterte Antlitz eines blauen Himmels, unter dem einst nur Fähnlein und Karpfenwimpel als Festschmuck an Stangen flatterten zwischen niedlichen Häuschen und Gärtchen. Tokio breitet sich aus zu beiden Seiden des vielfach überbrückten Sumida über eine Niederung, die vielfach durchschnitten wird von Kanälen mit lebhaftem Verkehr flacher Marktboote und über eine 25—30 m hohe Terrasse, deren wenig widerstandsfähiges Erdreich trotz junger Hebung durchfurcht wird von einer Menge „reifer", breitsohliger Erosionstälchen. Die zwischen ihnen stehengebliebenen Reste der Terrasse bilden die Hügel, auf denen sich an Stelle des Kaiserlichen Palastes, umgeben von Wassergräben und Wällen, die alte Burg der Schogune erhob, inmitten von Gärten und den von größerem Wall und Graben umschlossenen Sitzen der Daimyos, an deren Stelle vielfach Regierungsgebäude getreten sind. Andere Hügel tragen von schönen Baumgruppen umgebene Tempel und bilden beliebte Aussichtspunkte über Stadt und Umgebung, so im Süden Schiba — unweit des dicht an der Bai gelegenen, 1872 eröffneten ersten Bahnhofs — mit Buddha- und Schintotempel und berühmten Schogungräbern, so im Norden Asakusa und Uyeno mit dem benachbarten Universitätsviertel, in dem inmitten von Gärten und Erholungsplätzen die Institute erbaut wurden, unter denen die naturwissenschaftlichen hervorragen, die vortreffliche Erdbebenwarte und das interessante, eigenartige Institut für Meeresprodukte, in welchem Franz Doflein sich überzeugte, in wie rationeller Weise die Japaner mit Hilfe der Wissenschaft die Hilfsquellen ihres Landes auszunutzen wissen. Vieles ist zerstört, die neuesten Beschreibungen sind veraltet, die Neugestaltung ist im Werke. Vielleicht wird davon auch, lange gehegten Wünschen entsprechend, der Hafen betroffen und ein Fahrwasser für Seeschiffe bis zur Hauptstadt des Reiches geschaffen.

Die unmittelbare Umgebung Tokios am Rande der großen, vom Tonegawa durchflossenen reisbauenden Kwanto-Ebene ist ein reizvoller Wechsel von sorgfältig gepflegten kleinen Feldern und Gärten zwischen grünendem Gebüsch und malerischen Baumgruppen. Bei klarer Luft ist der Ausblick von den nicht hochgelegenen Aussichtspunkten entzückend, wenn über die schimmernde Bucht die Hügel der sie umfangenden Halbinsel herübergrüßen, über die Gefilde des Kwanto das Inselgebirge von Tsukuba und weiter aus dem Norden die vielgestaltige Gebirgswelt der weiteren Umgebung von Nikko, während alles überstrahlend im Südwesten hinter dunkleren Waldgebirgen das hellschimmernde stolze Haupt des Fudschi in den Himmel ragt.

Dem Bezirk der Landeshauptstadt administrativ angegliedert sind die Sieben Inseln, der Hauptbestandteil jener von O. Warburg vortrefflich geschilderten und auf einer Kartenskizze dargestellten vulkanischen Inselreihe (Verh. d. Ges. f. Erdk. zu Berlin 1891), welche ungefähr in der Richtung der erwähnten Fudschizone vom 35. Breitengrad bis hinaus über den 27. dem Schoße des Ozeans entragt. Von den Sieben Inseln sind die höchsten und größten: Oschima oder die „Vriesinsel", ein flacher, über 700 m hoher Kegelstumpf mit gewaltigem Krater, und das einst als Verbannungsort dienende Hachigo, dessen nordwestlicher jüngerer Gipfel über 800 m hinaus gewachsen ist. Das Areal der zehn größten Inseln zusammen erreicht, wie das der Insel Rügen, nicht ganz die Größe von 1000 qkm, die rührige, die Hacke wie das Ruder geschickt handhabende Bevölkerung der vielen kleinen Dörfer kommt der einer deutschen Mittelstadt gleich. Zwischen den in Vegetation und Kulturen an das südliche Hondo erinnernden Sieben Inseln und der dreigliedrigen, um Vater-, Mutter- und Schwiegersohninsel gescharten Muninto- oder Boningruppe folgen in weiteren Abständen fünf Felseninseln, von denen Ponafidin, das als eine lange, unberührte Brutstätte der Albatrosse von den Japanern Torischima, die Vogelinsel, genannt wird, die größte, Lots Weib die südlichste ist.

Die mit 67 qkm wohl zu klein angesetzten Bonininseln, welche 1876 den Japanern zugesprochen wurden, sind seit dem 16. Jahrhundert gelegentlich von Schiffen verschiedener Nationen besucht und im 19. Jahrhundert die Heimat einer gemischten Gesellschaft mehrerer Dutzend Angehöriger der verschiedensten Länder geworden. Jetzt sind sie als ein den Japanern nicht unwichtiger Vorposten im Großen Ozean von mehreren Hundert fleißiger, in Tropenkulturen wetteifernder Kolonisten besiedelt. Im Südsüdwesten der Bonininseln, auf denen von einem japanischen Geologen noch Reste der älteren Tertiärzeit gefunden sind, erheben sich zu beiden Seiten des 25. Breitengrades als ganz junge ozeanische Berginseln die kleinen Volcanos, die drei „Schwefelinseln" der Japaner, zu denen sich im Dezember 1904 eine vierte gesellte.

Im Westen von Matsumoto, in dessen Tal sich die zur Westküste führenden Bahnlinien von Nagoya und Tokio vereinigen, erhebt sich mehr als 100 km lang zwischen den Eckpfeilern des Ontake und Orenge das Hochgebirge von Hida mit seinen mehrfach 3000 m überragenden Gipfeln. Man spricht von den Japanischen Alpen, und Weston nennt den spitzen Yarigatake das Matterhorn Japans. Nach den photographischen Aufnahmen erinnern die Formen des Gebirges mehr an die niederen Tauern und die Transsylvanischen Alpen als an das Berner Oberland und die Dolomiten. Die Japanischen Alpen sind trotz ihres, neuerdings von Skiläufern gepriesenen Schneereichtums kein Gletschergebirge, in den Nischen der Hochregion überdauert nur hier und da ein Schneefleck den Sommer in einer, die Spuren ehemaliger geringfügiger Vergletscherung bewahrenden Umgebung. In seiner Hauptmasse besteht das Hochgebirge aus Granit, Gneis und alten Schiefern, aber verschiedentlich sind vulkanische Massen emporgedrungen. Nicht nur heiße Schwefelquellen, auch die dem Gipfel des Ontake aufsitzenden kleinen Krater und der seine Umgegend im Westen von Matsumoto gelegentlich mit Aschenregen bestreuende Yakeyama zeugen von den Angriffen unterirdischer Kräfte auf das alte Gebirge. Im Westen des Hidagebirges ragt der Hakusan hervor aus dem Bergland, das die um die Städte Fukui, Kanazawa und Toyama ausgebreiteten Talbecken umfängt. Keine dieser Städte, von denen Kanazawa es auf 160 000, Toyama und Fukui auf mehr als 70 000 und 60 000 Einwohner gebracht haben, liegt unmittelbar an dem von kleinen Hafenstädten umsäumten Meer. Alle haben sie sich zu beiden Seiten kleiner Flüsse in anmutigen Kulturlandschaften mit vielen Maulbeerbäumen und Teesträuchern entwickelt zu Mittelpunkten des Teehandels, der Papier- und Seidenindustrie und auch, wie Kanazawa, der Herstellung von geschätzten Bronze- und Porzellanwaren.

Von der Bucht von Toyama hinter der hügeligen Halbinsel Noto mit kleinen Kohlenlagern und der fördenartigen Hafenbucht von Nanao ist die Küste des Japanischen Meeres wenig gegliedert. Vor den stolzen Gipfeln des Tateyama, Orenge und Myokosan ist der flache, noch 1922 von verderblichen Lawinen heimgesuchte Uferstreifen nur schmal, dann erweitert er sich zum Talboden von Takata mit dem Hafen von Naoyetsu und zu dem vom Schinano durchflossenen Tiefland, das zu beiden Seiten von Niigata im Mündungsgebiet des Schinano und Agano von Dünen umsäumt wird. Die mehr durch die Mannigfaltigkeit als den Reichtum seiner Bodenschätze an Gold, Silber und Kupfer ausgezeichnete zweigliedrige Insel Sado liegt der Küste zu fern, um der früher offenen Reede von Niigata einen wirksamen Schutz gegen die Winterstürme zu gewähren, doch ist die Stadt als Zentrum von Seeverkehr, Flußschiffahrt und Eisenbahn zu einer Siedelung von 100 000 Einwohnern herangewachsen. Es lohnen den Fleiß der Bauern in den umliegenden Gefilden neben den Reisfeldern die Teekulturen. In den Bergen, welche das Flußgebiet des Agano umrahmen, ist die Ausbeute von Eisen- und Kupfererzen in Angriff genommen, und Nagaoka am Schinano ist zum Zentrum der Petroleumindustrie geworden, für welche das langgestreckte Echigo-Ölfeld aus den in drei verschiedenen Horizonten seines tertiären Untergrundes erbohrten Quellen das Rohmaterial liefert.

Von außerordentlich verwickeltem Bau und hohem landschaftlichen Reiz ist das mannigfaltig gestaltete Bergland zwischen den Gefilden von Echigo am unteren Schinano und dem Kwanto im Norden der Tokiobucht. Granite durchragen in breiten Rücken auf der Wasserscheide von Schinano und Tonegawa, in Kuppen in der Umgegend von Nikko und Kofu oder in vielen kleinen Buckeln und Höckern die breite Schwelle einer Verebnungsfläche von Schichtgesteinen der ältesten und mittleren Epoche der Erdgeschichte. Umsäumt wird dieser alte, kräftig erodierte Gebirgskörper nach der Kwantoseite vereinzelt, nach der Japansee hin fast immer von einem tertiären Vorland; seinen hervorstechenden Charakterzug aber erhält er durch die über seinem Rücken aufgetürmten Massen der vielen erloschenen und noch tätigen Vulkane. Aus dem Gebirgsland im Norden von Kofu, zwischen den beiden großen Bahnlinien, von denen sich mehrere Nebenbahnen in seine Täler verzweigen, erhebt sich der Yatsuga zu 2932 m und weiter im Norden, in der isolierten Gruppe von Nagano, des Myokosan zu 2462 m. Aus der durch Seidenzucht, Seidenspinnerei und auch Seidenweberei ausgezeichneten Umgebung von Maebaschi mit den Nachbarstädten Takasaki und Kiriu führt ins Gebirge außer anderen Geleisen das einer elektrischen Bahn nach Ikao, einem Bergnest unweit des kleinen, im Winter gelegentlich von Schlittschuhläufern besuchten Harunasees, den der Kegel des Harunasan oder Fudschi von Ikao überragt. Von hier hat man vor sich das von vulkanischen Gipfeln umrahmte Quellgebiet des Tonegawa, die tief zertalte alte Landschaft von Kotsuke. Unter den Gipfeln sind besonders bemerkenswert: der unruhige, flache Kegel des Asama (2480 m) unweit der hochgelegenen Villenkolonie Karnizawa, der 1783 einen verheerenden, noch heute stellenweise eine Blockwüste bildenden Lavastrom von 63 km Länge zu Tal sandte, und der kahle bleiche Kegelstumpf des Schirane über dem Schwefelbade von Kusatsu (2253 m), der seit der Explosion von 1882 drei wannenartige, an kleine Maare erinnernde Krater besitzt. Ihm gegenüber liegt auf der Ostseite in etwa 80 km Entfernung der etwas höhere Schirane von Nikko. Wenn der Japaner sagt, das Wort großartig solle man nicht gebrauchen, bevor man Nikko gesehen habe, so denkt er an die herrlichen

Kryptomenalleen und Haine bei den Tempeln und Gräbern des Yeyasu und Yemitsu in schöner Umgebung. Besucht werden von Nikko aus als Sehenswürdigkeiten das Kupferbergwerk von Aschio unweit des vom Nantaisan überragten Sees Chuzenji und Yumoto, eines der vielen diesen Namen tragenden Schwefelbäder.

Nordhondo

Vom Gipfel des Nantaisan schweift der Blick nach Norden über vorwiegend aus nichtvulkanischem Gestein aufgebaute, mehrfach 2000 m nicht unbeträchtlich überragende Höhen, erst in der Umrahmung vom Quellgebiet des Agano erheben sich drohend die oft ungebärdigen Vulkane, Nasu im Süden, Bandaisan und Azuma im Norden des von Dampfern befahrenen Iwanaschirosees, dessen Spiegel mehr als 1600 m tiefer liegt als ihre etwa 1900 m hohen Gipfel. Es sind fruchtbare Talböden, welche diese Vulkanregion umgeben, im Osten, im Abukumatale bei Koriyama und Fukuschima, steht die Seidenzucht in hoher Blüte, bei Wakamatsu im Westen des Iwanaschirosees und dann bei Yonesawa und Yamagata (Abb. 14) im Tale des unter dem Azuma entspringenden und bei Sakata als Mogami in die Japansee mündenden Flusses die Lackindustrie; die gefiederten hübschen Blätter des an unsere aus Nordamerika stammenden Essigbäume erinnernden Sumach, welche die des im südlichen Japan gepflegten Talgbaumes übertreffen, wetteifern im Herbste mit dem Ahorn in Farbenpracht.

Das Abukumatal trennt von der Vulkanregion das alte, 150 km lange und bis zu 45 km breite Massiv von Abukuma, ein im wesentlichen aus Gneis bestehendes Mittelgebirge zwischen den beiden, Tokio und Sendai verknüpfenden Schienensträngen, von denen der östliche durch einen tertiären Küstenstrich führt, vorüber am Seebad Sukegawa und an Gebieten, die Kupfererze (vornehmlich Hitacki) und Eisenerze (Daido) liefern. Sendai, mit 125 000 Einwohnern, reicher Gewerbetätigkeit und Universität, auf sorgfältig bebautem Talboden zwischen den im Westen aufragenden Bergen und der Sendaibucht, ist Hondos nördlichste Großstadt. Vor dem kleinen Hafenstädtchen Schiogawa liegt ein Inselgewirr tertiärer, mit Kiefern geschmückter Sandsteinfelsen, das vielbesuchte Paradies von Matsuschima. Die Hauptbahnlinie steigt im Tal des Itakami langsam hinauf zur Fabrikstadt Morioka (50 000 Einwohner) und erreicht weiterhin, von den Gefilden in der Umgebung der Kogawaralagune nach Westen umbiegend, Aomori (45 000 Einwohner), den Ausgangspunkt der Überfahrt aus der tief in den Norden Hondos eindringenden Mutsubai mit der Flottenstation Ominato über die Tsugarustraße nach Hakodate.

Das im Osten von Morioka ansteigende, nach Westen zu ungefähr durch die Bahnlinie abgegrenzte Kitakamigebirge besteht aus alten, von alten Eruptivgesteinen durchsetzten Sedimenten, es ist beträchtlich höher und ausgedehnter als das Abukumagebirge, bietet an Kohlen und Kupfererzen bedeutend weniger, an Eisenerzen im Hinterland der Küstenstadt Kamaischi bedeutend mehr. Seine Ostküste ist nicht von einem Tertiärstreifen umsäumt, sondern durch einundeinhalbes Dutzend kleiner Riasbuchten gegliedert. Die Wasserscheide zwischen dem Ozean und der Japansee läuft zwischen dem Iwanaschirobecken und der Mutsubucht über eine Kette alter Vulkane, unter denen der Iwatesan 2000m überragt; sie gehört geologisch zur breiteren Westhälfte Hondos. In dieser erheben sich, im Gegensatz zur Ostseite, wo die Täler die alten Gebirgsmassive durchfurchen, aus den Niederungen um die Städte Sakata, Akita (Abb. 13 u. 19) und Hirosaki über niedrigem tertiären Vorland die stattlichen Vulkankegel, von denen der Tschokai im Norden von Sakata mit 2123 m den ersten Platz einnimmt. Im nördlichen Hondo fehlen die Großstädte, es fehlen in den Niederungen die doppelten Ernten und größere Kohlenlager, es fehlen in den dünnbevölkerten Gebirgsregionen die Erze, außer den Kupfererzen bei Hanaoka und Kosaka und auf der die Mutsubai umfassenden Halbinsel.

Der Hokkaido

Als die Japaner im 16. Jahrhundert über die Tsugarustraße nach Norden vordrangen und sich auf der Südwesthalbinsel von Jesso in der Umgebung von Hakodate und von Matsumai oder Fukuyama festsetzten, war die 78 000 qkm bedeckende Insel noch ein großes Waldgebiet mit dunklen Nadelwäldern an den oberen, außerordentlich artenreichem gemischten Laubwald an den unteren Berghängen und Weiden und Erlen am Unterlauf der zwischen Auen und versumpften Altwassern sich windenden Flüsse. Nur die höchsten Partien der von Graniten durchbrochenen Schieferzone, die vom Kap Yerimo im Südosten des Hidakagebirges bis zur Nordspitze das Rückgrat der Insel bildet und ihre Fortsetzung findet in dem südöstlichen Zipfel Sachalins, ragten hier und da als trotzige Gipfel aus dem Waldmantel hervor neben übereinandergehäuften Massen emporgequollener Laven und herausgeschleuderter Lockermassen.

Tertiäre Schichten bilden zu beiden Seiten der alten Gebirgsmasse Jessos die Oberfläche, nur hier und da verhüllt von jüngerem Schwemmland und durchragt von einigen Inseln älteren Gesteins. Durchbrochen und überdeckt sind sie vielfach von jüngeren Eruptivmassen, so längs der Westküste auf der die schöne Vulkanbai umrahmenden Halbinsel, im Maschikayama und auf der Insel Rischiri. Auch der alte Gebirgsrumpf der Insel ist etwa in seinem Mittelpunkte bedeckt von gewaltigen Eruptivmassen. Der 2300 m überragende Nutapkauschpe ist vielleicht der Flügelmann jener Vulkanreihe, die sich jenseit einer heute von einer Eisenbahn benutzten Senke über das seenreiche, vielgestaltige Bergland mit dem Quellgebiet des Kuschiroflusses und die Kurilen verfolgen läßt bis nach Kamtschatka. Sie teilt das östliche Jesso in die beiden zum Ochotskischen Meer und zum Großen Ozean entwässerten Landschaften. In das westlich der großen Gebirgsachse liegende Land teilen sich ungleich der nach Nordwesten fließende Tenschio und der größte und wasserreichste Fluß der Halbinsel, der Ischikari, von dessen Unterlauf eine in tertiären Bildungen gebettete Alluvialniederung nach Süden zieht, die sich bei einem Ansteigen des Meeres um 100 m in eine breite Meeresstraße verwandeln und das gipfelreiche Bergland der die Vulkanbai umfangenden Halbinsel vom Körper Jessos trennen würde. Das große waldige Inselland, von dessen vierfüßigen, einst zahlreichen Bewohnern der Hirsch, das Wildschwein, der braune Bär und der Fuchs genannt werden mögen, war beim Vordringen der Japaner sehr dünn besiedelt, wenn auch die für die Ethnographen so interessanten Ainu, die neben ihren verstreuten, auf Pfählen stehenden Hütten etwas Hirse bauten und in den Gewässern fischten, für jene Zeit vielleicht mit 18 000 etwas zu niedrig eingeschätzt sind. Die Japaner trieben neben Fischfang Ackerbau, legten ihre Reisfelder an, pflanzten Apfel- und Maulbeerbäume und neben ihren Tempeln die Kryptomerien. Eine besondere Anziehungskraft übte das ihnen rauh erscheinende Land nicht auf sie aus; die nach dem Jahre 1854 unter der Einwirkung von Amerikanern unternommenen Kolonisationsversuche bereiteten nicht nur arbeitsscheuen Sanguinikern viele Enttäuschungen. Unter dem nach einer kurzen republikanischen Episode im Jahre 1869 eingesetzten Kolonialamt, dem Kaitakuschi, das fleißigen arbeitswilligen Kolonisten günstige Bedingungen des Fortkommens bot und etwa 90 000 Menschen ansiedelte, war die Zahl enttäuschter Rückwanderer gering; sie wuchs aber in der Folgezeit unter der drei Jahre nach Auflösung des Kaitakuschi 1885 eingesetzten Zentralregierung für den Hokkaido, das ist Jesso mit den Kurilen, wieder erheblich und erreichte im ersten Jahrzehnt des 20. Jahrhunderts bis zu mehr als einem Fünftel des jährlichen Zustromes von 50—80 000 Menschen. Die Bevölkerung Jessos, das 1875 noch keine 200 000 Einwohner zählte, erreichte mit dem Ende des Jahrhunderts fast eine Million, 1910 bereits 1,6 Millionen und 1920 fast 2,5. Die Erträge für den Ackerbau haben, abgesehen von den Kurilen, alljährlich wachsende Bedeutung gewonnen neben den Einnahmen aus der Fischerei, die von fast 170000 Fischern ausgeübt wird und nach dreijährigem Durchschnitt 1922 bewertet wurde auf 50 Millionen Yen, davon 22 für Heringe. Die Niederungen an der Wurzel der Südwesthalbinsel und am unteren Ischikari verwandeln sich mehr und mehr in Fruchtgefilde, auf denen in rechtwinklig abgeteilten, manchmal sehr knapp zugemessenen Parzellen die Einzelhöfe der Kleinbauern erbaut sind, während der stark ausgeholzte und niedergebrannte Wald vielfach recht verwilderten Weideflächen Platz gemacht hat.

Sind die Ziffern der Statistik einigermaßen verläßlich (Widersprüche nicht nur bei Schätzungen finden sich in den Angaben, z. B. in den von Max Müller in der Zeitschrift d. Ges. f. Erdkunde Berlin 1915 und 1916 mitgeteilten, häufig), so kamen im Jahre 1911 auf jeden von 140—150 000 landwirtschaftlichen Betrieben durchschnittlich nur 4 ha Ackerland einschließlich etwa 30 a Reisland, weniger als 3 ha hatten mehr als 38%, über 10 ha hatten nur 5% und über 50 nur $1/2$%.

Gebaut werden neben Reis, Halm- und Hülsenfrüchten auch Mais und Kartoffeln. Die Viehzucht wird in mannigfaltiger und nachhaltiger Weise gefördert. Pferde, die als Schlachtrosse und als Schlachttiere in Betracht kommen, weiden auf den Gefilden Jessos in beträchtlich größerer Zahl als die Rinder, die Schweinezucht ist nicht

Hokkaido

erheblich, Schafe und Ziegen sieht man sehr selten. Von den geflügelten Haustieren werden besonders die Hühner bevorzugt. Schon gibt es in Jesso Gebiete, wo die Folgen der Waldverwüstung sich fühlbar machen und wo die Waldwirtschaft, statt die problematischen Ziffern kühner Schätzungen über die verfügbaren Holzvorräte der Insel zu veröffentlichen, gut tun würde, Aufforstungen in größerem Maßstabe als bisher ins Auge zu fassen. Die übertriebenen Hoffnungen auf große, für die Weltwirtschaft bedeutungsvolle Bodenschätze hat Jesso enttäuscht. Die Ausbeute an Edelmetallen aus Goldadern und Goldwäschen war nicht erheblich, gering die Petroleumgewinnung. Eisenerz und Kupfererz wird gefördert und an einigen Orten verhüttet. Die tertiären bituminösen Kohlenflöze im Flußgebiete des Ischikari, besonders bei Yubari und unweit der Südostküste im Gebiet von Kuschiro lieferten 1919 (Imp. Geol. Survey 1921) mehr als 2 Millionen t und beschäftigten mehr als drei Viertel der ungefähr 20000 Bergwerksarbeiter der Insel. Fabriken für Fischkonserven, Papier, Soyabohnenbrühe, Zündhölzer, künstlichen Dünger sind an verschiedenen Orten entstanden. Die aufblühende Hafen- und Industriestadt Muroran brachte es 1920 (nach dem Imp. Geol. Survey 1922) auf eine Roheisenerzeugung von mehr als 100 000 t.

Achtzehn Leuchttürme, davon vier an der Tsugarustraße, senden dem japanischen Schiffer ihre Blinke hinaus auf das Jesso umwogende Meer, und Schienenstränge verknüpfen in dem noch vor einem halben Jahrhundert fast wegelosen und brückenlosen Lande alle größeren und wirtschaftlich wichtigen Stätten. Fukuyama ist Kleinstadt geblieben, Hakodate, auf einer landfest gewordenen Berginsel an geschützter Bucht gelegen, ist zum Haupteingangstor Jessos geworden und zu einer Großstadt von 150000 Einwohnern. Von hier führt durch die Umrahmung der Vulkanbai die Eisenbahn nach der großen Hafenstadt Otaru und nach der Hauptstadt der Insel, Sapporo, die beide über 100000 Einwohner hinauswachsen. Der von Sapporo weiterführende Schienenstrang verknüpft sich mit dem von Muroran kommenden im Ischikaritale, Zweigbahnen nach verschiedenen Seiten entsendend. Die Strecken durch das Teschiotal nach dem Nordwesten der Insel, durch zwei Pässe des Hidakagebirges nach Kuschiro und Nemuro im Nordosten mit Abzweigung nach der Scharibucht am Ochotskischen Meere sind vollendet als Verbindungen der großen Landschaften und Verstärkung der Wehrhaftigkeit Jessos im Falle kriegerischer Konflikte mit seegewaltigen Feinden.

An Fehlschlägen und an Mißgriffen hat es gewiß bei der Kolonisation Jessos nicht gefehlt, trotzdem kann Japan mit Genugtuung auf das blicken, was geleistet worden ist. Für eine weitere gedeihliche Entwicklung werden sich um so mehr Möglichkeiten bieten, je mehr die Nachkommen der Ansiedler sich durchdringen mit einem Heimatgefühl für den Hokkaido.

Die Kurilen

Die angeblich mehr als 15 000 qkm umfassenden, nur von einigen tausend Japanern und mehreren hundert Ainu besiedelten, der Mehrzahl nach unbewohnten Kurilen bilden einen flachen Bogen von 1200 km Länge zwischen dem Nordosten Jessos und der Südspitze Kamtschatkas. Sie reihen sich übrigens nicht ganz aneinander wie die Perlen auf der Schnur. Auf dem Flachseevorlande, dem Schelf, in der Verlängerung Jessos, liegen parallel zu der großen, durch ihren Leuchtturm ausgezeichneten Insel Kunaschiri die kleinen Eilande zwischen der Halbinsel mit der Hafenstadt Nemuro und der Insel Schikotan und andererseits vor Kamtschatka neben Paramuschir der flachem Meeresgrunde entragende, über 2300 m hohe Bergkegel von Alaid.

Auf den Kurilen fehlen die älteren Gesteinsbildungen, sie bestehen aus jüngeren Eruptivmassen und daneben hier und da, wie z. B. auf den südwestlichen Inseln Kunaschiri, Yetorofu, Urup und Schikotan, aus tertiären Sedimenten. Wie groß der Anteil vulkanischer Massen an der unterseeischen Schwelle ist, die übrigens in der Mitte des Bogens, in der Nähe der stattlichen Inselvulkane von Ketoi und Matau, recht tief (unter 2000 m) zu liegen scheint, das entzieht sich der Beobachtung. Die Zahl der Inseln, von denen zwei über 2000 qkm und außerdem noch zwei über 1000 und sechs über 100 qkm Oberfläche aufweisen, wird recht verschieden angegeben, und sie muß verschieden ausfallen, je nachdem Bildungen wie die Muschirifelsen und andere Klippen mitgezählt werden oder nicht. Große wirtschaftliche Bedeutung haben die nur teilweise mit Wald bedeckten Kurilen nicht, an Bodenschätzen wird etwas Schwefel gewonnen. Spärlich hat die Bodenkultur auf dem südwestlichen Teil des Inselbogens Fuß gefaßt, die nordöstlichen Inseln, die, obschon sie mit den englischen Kanalinseln ungefähr vom gleichen Breitengrad durchschnitten werden, recht unwirtlich sind, werden nur gelegentlich betreten von Robbenschlägern und Fischern, etwa auf der Suche nach den fast ausgerotteten Seeottern, von denen 1921 nicht mehr als 100 erbeutet wurden. Man hat auf den Kurilen und in Sachalin Fuchsfarmen angelegt, um die Nachfrage nach wertvollen Pelzen durch Züchtung von Silber- und Blaufüchsen zu befriedigen.

VIERTER ABSCHNITT

Die Kolonialländer

*

Sachalin oder Karafuto

Das fast 1000 km lange, einen Flächenraum von 75 000 qkm einnehmende Sachalin erinnert in Klima, Vegetation, Tierwelt und Bevölkerung an Sibirien, von dem es im Nordwesten durch eine flache Meeresstraße getrennt ist. Es sind Temperaturextreme von + 35 und — 50° beobachtet. Im Untergrunde moorigen, tundraartigen Bodens stößt man verschiedentlich auf eine Frostschicht. Überwiegend dunkler Nadelwald bedeckt die Abhänge der 1000 bis 1400 m hohen Gebirge, hier und da gemischt mit Birken, Lärchen und Espen und den die Gewässer der Niederungen säumenden Pappeln und Weiden. Hauptnahrungsquelle für die verschiedenen Stämme der Tungusen, Gilgaken und Ainu, zusammen einige tausend Menschen, waren die fischreichen Gewässer, die im Sommer für die Kanus, im Winter für die Hundeschlitten auch die alleinigen Verkehrswege des Landes bildeten. In der zweiten Hälfte des 19. Jahrhunderts begannen sich auf Sachalin, das merkwürdigerweise in dem ersten russisch-japanischen Vertrage noch gar nicht genannt wird, die Interessen der Russen und Japaner zu kreuzen. 1895 ward Sachalin russisch, 1905 wurde die Südhälfte bis zum 50. Breitengrade japanisch. Als Kolonialgebiet war die Insel für keine der beiden Mächte von hervorragendem Wert. Für die Japaner kam in erster Linie die ergiebige Fischerei in Betracht, die Russen hatten die abgelegene Insel zum Deportationsland gemacht und in mehreren Gefängnissen mehr als 25 000 Verurteilte, darunter 8000 Mörder, untergebracht. Gelegentlich war die Hoffnung auf Entdeckung wichtiger Bodenschätze erwacht. Es lassen sich in Sachalin ähnlich wie im Norden Hondos zwei Zonen unterscheiden. Die östliche, aus kristallinischen Schiefern und alten, von Graniten durchragten Schichtgesteinen bestehend, bricht im Norden der Bucht von Schitsuka plötzlich ab, so daß sich die Breite der Insel auf weniger als die Hälfte reduziert, taucht aber in dem wie eine Kralle vorspringenden Südostzipfel wieder auf, die westliche durchzieht die ganze Länge der Insel, an mesozoische Bildungen lehnt sich längs der Westküste ein stellenweise von Eruptivbildungen durchbrochener Streifen tertiärer Schichten, in denen Kohlenflöze und Petroleumquellen gefunden sind.

Bis jetzt sind die Einnahmen aus Bergwerken und Gebirgswäldern sehr bescheiden. Voran steht der Ertrag der Fischereien mit einem Werte von jährlich 10 Millionen Yen bis zu 14,6 im Jahre 1909. Die Zahl der Kolonisten wächst in dem Lande, das, bis zum 50. Breitengrade gerechnet, auf etwa 4000 qkm von 36 000 neben Viehzucht den Anbau von genügsamen Halmfrüchten, Kartoffeln und Gemüse ermöglicht, trotz der ihnen von der Regierung gewährten Vergünstigungen nur langsam. Es leben in Südsachalin oder Karafuto etwa 100 000 Japaner neben fast 2000 Eingeborenen, 460 Koreanern und einigen Russen und Chinesen. Zur Beförderung von Kohlen und Holz sind von dem 12 000 Einwohner zählenden Otomari an der Aniwabucht, dessen Hafen durch eine Mole verbessert ist, nach Toyohara und auch auf der Westseite der Insel einige hundert Kilometer Eisenbahn gebaut. Verschiedentlich hat man durch Drainierung feuchten Boden urbar gemacht. Noch hält Japan, das widerstrebend seine Truppen aus Wladiwostok zurückgezogen hat, als Pfand unerfüllter Sühneansprüche für in Sibirien niedergemetzelte Landeskinder das nördliche Sachalin besetzt. Eine Verständigung mit Rußland scheint bevorzustehen.

Korea oder Tschosen

Die vom Festlande Asiens nach Südsüdosten vorspringende, 550 km lange und durchschnittlich mehr als 200 km breite Halbinsel Korea ist seit 1910 ein Zubehör des japanischen Reiches. Die politische Grenze der 220 000 annektierten qkm läuft über den 2440 m hohen Paik-to-san, einen Gipfel der mandschurischen Bergketten, und folgt dem Laufe der Flüsse Yalu und Tumen bis zu ihren Mündungen in das flache Gelbe Meer und in das tiefe „blaue" Japanische Meer. Oft, aber wenig glücklich, wird Korea mit Italien verglichen. Die Apenninenhalbinsel ist überwiegend junges Faltenland, Korea ist ein alter Gebirgsrumpf, in dessen stark durch Verwitterung und Abschwemmung bearbeitetem Körper schon vor mehr als 100 Jahren ein spekulativer einheimischer Geograph Fortsetzungen des Kuenlun erkennen wollte. Der japanische Geologe Koto unternahm den Versuch, die Verwerfungen, welche den stark erodierten alten Gebirgskörper durchsetzen, kartographisch festzulegen, Inouye hat die Linien in seine Karte von Korea (1 : 1 500 000, 1911) und in die Generalkarte von Japan 1 : 2 Millionen nicht aufgenommen.

Zonen von Graniten, Gneisen und alten Schichtgesteinen, die zusammen etwa drei Viertel des Landes einnehmen, ziehen in vorherrschender Südwest-Nordost-Richtung schräg über die Halbinsel. Mesozoische, dem Mittelalter der Erdgeschichte angehörige Bildungen finden sich an mehreren Stellen, z. B. in der Umgebung von Phyöngyang und vornehmlich im Südosten der Halbinsel, im Flußgebiet des Naktong. Sie werden hier durchsetzt von den im Süden Koreas mehrfach hervortretenden Porphyriten. Das in Japan so weit verbreitete Tertiär findet sich an dem Rande Koreas im Südosten und im äußersten Nordosten nur selten, unter den Eruptivbildungen sind zu nennen die 2000 m Höhe erreichende, von Siegfried Genthe anziehend geschilderte Insel Quelpart und die großen Deckenergüsse, welche im Süden des Paik-to-san über Granit und Gneis ausgebreitet ein Gebiet von mehr als 15 000 qkm einnehmen. Die Wasserscheide der Halbinsel liegt dem Japanischen Meer so nahe, daß zwischen den Mündungen des Tumen und des mehr als 200 km schiffbaren Naktong nur kurze Gebirgsbäche von den mehrfach 1000 und selten 1500 m übersteigenden Höhen zur Küste hinabeilen. Nach dem Gelben Meere zu entsendet Korea, ganz abgesehen von dem Grenzflusse Yalu, größere Flüsse, die dank der starken, stellenweise 9 m betragenden Tidenbewegung für kurze Strecken ihres Unterlaufes dem Verkehr dienen oder dienen können, im übrigen aber in dem unruhigen, stark zertalten Gelände mit ihrer ungleichen

Wasserführung und der geschiebereichen unebenen Talsohle zwischen kahlen und steilen Gehängen die Wegsamkeit des Landes mehr hemmen als fördern. An der größten Wasserader des mittleren Korea hat sich, umfangen von einer über Höcker, Buckel und Schluchten unruhig auf und ab laufenden Mauer Söul, die Hauptstadt des Landes, entwickelt, wie die Siebenhügelstadt am Tiber, aber ohne die zentralisierende Wirkung Roms für die Halbinsel oder gar für die benachbarten Länder (Abb. 27). Auffallend inselarm und wenig gegliedert ist Koreas Ostküste gegenüber der Süd- und Westküste. Die aus dem Schoße des Japanischen Meeres in mehr als 100 km Entfernung zu Vesuvhöhe aufragende Insel Matsuschima, die noch der Einordnung in ein Spaltensystem harrt, gehört nicht mehr zum Koreanischen Rumpf. Von 10 000 Inseln an der West- und Südküste spricht der Volksmund, mehr als 1 qkm Oberfläche haben in dem ungezählten Schwarm von Klippen nur etwa 500 und unter ihnen — abgesehen von dem nicht hierher gehörigen, Rügen an Größe übertreffenden Quelpart — nur drei etwa 200 qkm. Die Inseln bestehen überwiegend aus Granit und Gneis, teilweise auch aus Porphyrit und Schiefergestein; immer sind sie die aus dem Meere aufragenden Reste der an Koreas Gestaden anstehenden Formationen. Die Brandung des Meeres benagt die ursprünglich durch Verwitterung und Erosion herauspräparierten Härtlinge, die durch Strandverschiebung in ihren Bereich gelangt sind. Ein erneutes Vorrücken des steigenden Meeresspiegels würde den Inselschwarm auf Kosten der Halbinsel Korea erweitern. Die Klippen und viele der kleinen Inseln sind unbewohnt, auf anderen erblickt das Auge des den Archipel durchfahrenden Seemanns auf der grünen Kappe des von rötlich schimmernden Felswänden umgebenen, nicht baum-, aber waldarmen Inselchens weidende Rinder und ihren weißgekleideten Hirten neben freundlichen Dörfchen, die hier und da eine befestigte Zufluchtsstätte zeigen gegen die in früheren Jahrhunderten wohl nicht seltenen Heimsuchungen durch Seeräuber.

Im Klima Koreas macht sich die Nähe Ostsibiriens schon bemerkbar, über 0° bleibt die Durchschnittstemperatur des Januar nur im Süden der Halbinsel, im Norden sinkt sie bis auf — 3 und auf — 5; im Talbecken von Phyöng-yang südlich des 39. Breitengrades bedeckt sich der der Bucht von Tschi-nam-po zustrebende Taidong gelegentlich mit einer Eiskruste, und den Bewohnern von Söul ist ein Schneegestöber im April keine so ungewöhnliche Erscheinung als den Küstenbewohnern Siziliens im Januar. Der Koreaner schützt sich gegen die Rauheit des Winters dadurch, daß vom Rauchfang des Herdfeuers Tonröhren unter den Fußboden seiner kleinen Wohn- und Schlafräume die erwärmte Luft leiten. Die Sommer mit einem Juli von etwa 25° sind warm und regenreich und ermöglichen die Reiskultur bis in die Talsohlen der Nordprovinzen. Unter den verschiedenen Halmfrüchten der koreanischen Bauern vertreten Hirsearten die Stelle unseres Roggens, daneben erscheinen die zur Ernährung von Mensch und Pferd wichtigen Bohnen, Buchweizen und auch Kartoffeln, Hanf, Mais und der geliebte Tabak auf den mehr durch die Mannigfaltigkeit der Kulturgewächse als durch ihre rationelle Pflege ausgezeichneten Gefilden. Der Bambus und die immergrünen Vertreter des subtropischen Gebietes sind im wesentlichen auf die Umrandung des Südens beschränkt, sonst er- erinnern der artenreiche Laub- und Nadelwald an die gemäßigte Zone Eurasiens. Alte Waldbestände sind freilich in Korea selten, sie erquicken das Auge in der Umgebung alter Buddhaklöster an den Abhängen unter den trotzigen Granitgipfeln der Diamantberge im Südosten von Wönsan und bewahren urwüchsige Schönheit in schwer zugänglichen Gebieten des Nordens, in welche die Holzflößer auf dem Yalu und seinen Quellflüssen noch nicht vorgedrungen sind. Noch umkränzt die Flanken vom kahlen Gipfel des Paik-to-san mit seinem Kratersee ein Urwald, nicht in tropischer Überfülle, sondern in einem wirren Durcheinander von bleichen Baumskeletten mit bizarren Baumwipfeln, die mit vielfach abgebrochenen Kronen und geschundenen, auf den Boden niedergedrückten Zweigen Kunde geben von ihrem harten Kampfe ums Dasein. Man kann weite Gebiete Koreas durchreisen, in denen man statt des Waldes nur Buschwerk und Gestrüpp sieht und dazwischen vielleicht hier und da eine alte Kiefer oder eine belaubte Baumkrone, die aus Scheu vor den Geistern von der Axt verschont blieb.

Vom Getier des Waldes ist der vielen Koreanern allerdings nur aus Bildern bekannte Tiger das gefürchtetste. Tigerjäger bildeten

IV. Die Kolonialländer

einst besondere Abteilungen in den Truppen und genossen den Ruf unwiderstehlicher Tapferkeit. Unter den Haustieren sind zu nennen: Rind, Pferd und Schwein. Der große, Brennholz und andere Lasten willig schleppende Stier und der kleine bockbeinige, unermüdlich unter dem Packsattel trottende Mongolenhengst gehören mit dem im weißen Gewande und großem schwarzen Hut einherschreitenden Koreaner zu den charakteristischen Erscheinungen einer Epoche, in der es einen eigentlichen Wagenverkehr nicht einmal auf den von Söul ausgehenden Landstraßen, geschweige denn auf den die dörflichen Siedlungen (Abb. 28 u. 29) verknüpfenden Pfaden gab.

Die Koreaner, ein aus verschiedenen mongolenähnlichen Stämmen zusammengewachsenes Volk, sprechen eine agglutinierende Sprache, die durch die chinesische Schriftsprache, neben der es eine koreanische Buchstabenschrift gibt, stark beeinflußt wurde. Chinesische Kultureinflüsse machten sich früh geltend und wurden weitergeleitet nach Japan. Das Land zerfiel in verschiedene Königreiche, die oft miteinander in Fehde lebten und gelegentlich auch heimgesucht wurden durch die Japaner und andere Nachbarn. Von der Mitte des 10. bis zum Ende des 14. Jahrhunderts war Korea staatlich geeinigt unter den Herrschern von Songdo, einer Stadt im Norden von Söul; es war eine Zeit friedlicher Entwicklung und der Gründung zahlreicher Buddhaklöster. Im Jahre 1392 ward in einem Konflikt mit China die alte Dynastie gestürzt von einem Heerführer, der sich zum Vasallen Chinas erklärte und den Sitz der Regierung nach Söul verlegte. Schwere Zeiten über Korea brachte die Invasion Japans am Ende des 16. Jahrhunderts, die ohne das Dazwischentreten Chinas wohl zu einer Eroberung geführt hätte. Die Japaner unterhielten mit dem sich mehr und mehr abschließenden Nachbarn nur über Fusan schließlich erlöschende Beziehungen, bis sie 1896 die Öffnung der Häfen von Tschemulpo, Fusan und Wönsan erzwangen und damit eine neue Epoche einleiteten. In Europa hatte man von Korea nur im Jahre 1668 Kunde erhalten durch das Buch von Hendrik Hamel, der mit 31 bei Quelpart gescheiterten Gefährten 15 Jahre lang in Korea gefangen und schließlich mit wenigen entkommen war. Französische Missionare waren heimlich ins Land gedrungen und hatten von der Grausamkeit der Christenverfolgungen berichtet. Franzosen und Nordamerikaner hatten vergeblich an den Toren des verschlossenen Landes gerüttelt, jetzt schlossen sie und eine Reihe anderer Mächte mit Korea Handelsverträge, bauten — vor allem die Franzosen und Russen — prächtige Gesandtschaftspaläste und hielten ihre Hand über ihre Landsleute, die sich wetteifernd bemühten, an und in Korea Geld zu verdienen.

Es war nicht der Ginseng, die von den Chinesen als ein Allheilmittel geschätzte Knolle einer Aralie, was die Fremden nach Korea lockte, es waren die in Koreas Bergen vermuteten Bodenschätze; Goldwäscherei war in Korea an manchen Orten getrieben, man suchte nach wertvollen Erzadern. Amerikaner errichteten Betriebe, die es zu jährlichen Ausbeuten von mehr als einer Million Dollar brachten, auch ein deutsches Unternehmen am Westabhang der Diamantberge ward in die Wege geleitet. Zunächst spitzten sich die Gegensätze zwischen Japanern und Chinesen oder den die Chinesen vorschiebenden Fremden zu. Für die „Unabhängigkeit Koreas" griff Japan gegen China mit Erfolg zu den Waffen, ging aber nach einigen Jahren schwereren Abrechnungen entgegen mit den Russen, die nach Besetzung von Port Arthur Versuche machten, an Küstenpunkten Koreas festen Fuß zu fassen und Koreaner für die russische Staatskirche zu gewinnen. Bevor die Sibirische Bahn ihrer Vollendung entgegenging, griff Japan abermals zum Schwert, schlug den bedrohlichen russischen Koloß zurück und setzte sich in dem durch skrupellose Intrigen zerwühlten Lande so fest, daß es 1910 die Einverleibung vollziehen konnte, nicht zur Freude der christlichen, besonders der amerikanischen Missionen und der nicht immer glimpflich behandelten Koreaner. Ob das schlecht regierte Volk, als dessen hervorstechende Eigenschaften öfter Unsauberkeit und Grausamkeit als Gutmütigkeit und Freude an schöner Natur genannt zu werden pflegen, unter Führung der Japaner einer gedeihlichen Entwicklung entgegengehen wird, die mit dem Verlust der Selbständigkeit versöhnt, kann nur die Zukunft lehren. Für die Entwicklung materieller Kultur, die Hebung des Ackerbaues, Anlage von Brücken und Straßen, Einrichtung landwirtschaftlicher und technischer Schulen, die Aufforstung von Ödländereien ist auch nach Berichten nicht besonders japanfreundlicher Menschen entschieden viel geschehen.

Koreas oft stark unterschätzte Bevölkerung stieg 1921 über 17 Millionen; das ergibt immerhin nur eine durchschnittliche Volksdichte von nicht ganz 80 auf den qkm. Es fehlen große, dichtbesiedelte Kulturebenen, es fehlen die Großstädte mit Ausnahme Söuls, das 262 000 Einwohner zählt; selbst Phyöng-yang und Fusan sind erst über 75 000, Taiku und Tschemulpo (Jinsen) über 40 000 hinausgewachsen. Die Ödländereien Koreas sind groß, zu ihnen gehört mehr als ein Drittel des für den Wald mit 160 000 qkm angegebenen Areals. Im ganzen südlichen und mittleren Korea sieht man außerhalb der geheiligten Tempelbezirke und der von den Japanern neuerdings angelegten Kulturen und Schonungen fast nur Bilder der Waldverwüstung. Nordkorea hat noch große und holzreiche Wälder, besonders soweit es zum Flußgebiet der durch Flößereibetrieb belebten Grenzströme Yalu und Tumen gehört.

Die zum Ackerbau benutzte Fläche dürfte über 45 000 qkm nicht hinausgehen, und von denen ist nur ein Drittel bewässertes Reisland, trotz der in den letzten Jahren angelegentlich geförderten Berieselungsanlagen. Gebaut werden neben Reis besonders Weizen, Gerste, Soyabohnen, Baumwolle, Gemüse und Tabak. Nicht groß sind die Versuchsfelder, z. B. bei Kaitung im Norden von Söul, des seit 1908 nicht mehr als Einnahmequelle des Hofes, sondern der Staatskasse geltenden Ginseng, für den nach Jahren des Niederganges Erträge von mehr als 2 Millionen Yen erzielt sind. Es wächst entsprechend der Ausbreitung der Seidenraupenzucht die Ausdehnung der Maulbeerbaumpflanzungen; die Viehzucht, für Japan erwünscht wegen der wertvollen Rinderhäute, wird besonders in den nördlichen Provinzen gefördert. Viel ist geschehen und muß noch geschehen für die Wegsamkeit des Landes, mit der es einst traurig bestellt war. Die Länge der Eisenbahnlinien, mit deren Bau noch vor dem russischen Kriege Amerikaner zwischen Söul und Tschemulpo den Anfang gemacht hatten, ist im letzten Jahrzehnt von 1000 km auf fast 2000 gewachsen. Die Hauptlinie läuft von dem in seiner ganzen Umgebung umgestalteten Fusan, dem alten Eingangstor Japans, über Taiku, Söul und Phyöng-yang nach der großen Brücke über den Yalu zum Anschluß an die Bahnen der Mandschurei. Ein Ast führt durch den Südwesten Koreas zum inselumschwärmten Gestade von Mokpo, ein anderer von Söul hinüber nach Gensan oder Wönsan, dem besten Hafen am Japanischen Meer, und weiter, noch im Bau begriffen, durch den Küstenstreifen der nordöstlichen Provinzen. Von den Häfen der Westküste sind durch kurze Zweigbahnen mit den Hauptlinien verknüpft: Kunan, Jinsen, das mit Hilfe des Wasserbaues umgewandelte Tschemulpo als Vorhafen Söuls und die für Verladung der Bergwerksprodukte des Taidonggebietes wichtigen Plätze im riasartig erweiterten Mündungsgebiet dieses Flusses, besonders Tschinampo, der am Meere erblühende Vorort von Phyöng-yang.

Korea

▬▬▬	Tschemulpo	40 Tsd.
▬▬▬	Taiku	46 "
▬▬▬▬	Fusan	76 "
▬▬▬▬	Phyöng-yang	78,6 "
▬▬▬▬▬▬	Söul	262 "

▬▬▬ Japaner
.... Koreaner

Die Zahl der in Korea lebenden Japaner ist — abgesehen von 2 Divisionen und einer Fliegerabteilung — über 350 000 hinausgewachsen, davon lebt ein Fünftel in einem neuen Stadtteil der Hauptstadt und reichlich ein Viertel in sechs größeren Städten und Hafenplätzen. Über das ganze Land verteilt findet man die Japaner als

Beamte und als Händler. Die früher oft unangenehm auffallenden Gendarmen sind durch bürgerliche Beamte ersetzt, abgesehen von Grenzgebieten, in denen Abgesandte nach Rußland ausgewanderter Koreaner als Unruhestifter auftreten. Japan sucht die Bewohner aller dreizehn Provinzen unter einem nicht mehr satzungsgemäß dem Soldatenstande angehörigen Generalgouverneur innerhalb vorsichtig gezogener Grenzen zur Selbstverwaltung heranzuziehen. Besondere Erwähnung verdient die Beteiligung der Japaner an der Fischerei und am Bergbau. Dem Meere gewannen die Koreaner wenig ab. Salz z. B. wurde vielfach aus China eingeführt, bis die japanische Regierung das Monopol einführte und große Verdampfungsfelder, vornehmlich an der Küste des Gelben Meeres nördlich der Taidongmündung, anlegte. Die Erträge der Fischerei erreichten vor zehn Jahren kaum 9 Millionen Yen und jetzt oft mehr als das Fünffache. Der Zahl nach bilden die Japaner nur ein Fünftel der 360 000 Fischer Koreas, aber auf Rechnung dieses Fünftels kommt etwa die Hälfte der gewonnenen Marineprodukte. —

Bergbau und Hüttenbetrieb, deren Erträge im Jahre 1910 auf 6, 1914 auf 8,5, 1917 auf 17 und 1918 auf 30,8 Millionen Yen bewertet wurden, gehen seit 1910 mehr und mehr in die Hände der Japaner über. Das größte und lohnendste Unternehmen in fremder Hand sind die auf Grund älterer Gerechtsame von einer amerikanischen Gesellschaft ausgebeuteten Goldbergwerke von Unsan bei Phyöngyang. Sehr willkommen sind den Japanern natürlich die Eisenerze in der Provinz Hwanghai südlich des Taidong und die Anthrazit- und Kohlenlager in der weiteren Umgegend von Phyöng-yang. Sie sind gewiß eine schätzenswerte Zugabe für die Förderung der japanischen Industrie, aber schwerlich eine fast unerschöpfliche Vorratskammer, die Japan auf lange Zeiten unabhängig machen kann vom Auslande.

Die Warenausfuhr Koreas, die in den Jahren 1911 und 1912 auf je 19 und 21 Millionen Yen geschätzt wurde, stieg im Weltkrieg 1918 über 150 und erreichte 1920 ihr bisheriges Höchstmaß mit fast 240. Hauptausfuhrartikel war der Reis, aber auch der Wert von Bohnen und Fischen überwog den von Roheisen und die einzelnen Posten für alle anderen Bergwerksprodukte.

In Koreas Verkehr steht natürlich Japan an einem alle anderen Länder weit überragenden Platz. Nicht unerheblich ist die Ausfuhr Koreas nach China, für die Einfuhr, die in der Entwicklungsepoche vor dem Weltkriege die Ausfuhr oft beträchtlich übertraf, kamen vor und neben China Großbritannien und die Vereinigten Staaten von Amerika in Betracht.

Unter den 26 000 Fremden, die sich in Korea aufhalten, sind fast 25 000 Chinesen, über 800 Amerikaner, über 200 Engländer, und dann folgen in weiten Abständen Franzosen, Deutsche und Angehörige anderer Nationen. Um 2000 teilweise als Lehrer und Erzieher hochverdiente Missionare scharen sich mehr als 350 000 Christen. Begreiflicherweise erfreuen sich die Priester, die für eine Belebung des Buddhakultus sorgen, von seiten der japanischen Behörden größeren Wohlwollens als manche nicht ohne Mißtrauen betrachtete Missionare amerikanischer Sekten.

Daß es noch viele Koreaner gibt, die Groll gegen die Japaner im Herzen tragen, und daß viele trotz der Verdienste der neuen Herren um Förderung geistiger und materieller Kultur wenig von ihnen wissen wollen und sich nach den alten Zeiten eines wirtschaftlichen Schlendrians und einer althergebrachten Hausindustrie zurücksehnen, kann wohl keinem Zweifel unterliegen. Zu einer völlig harmonischen Verbindung mit Japan wird es wahrscheinlich erst in geraumer Zeit kommen, vielleicht nie. Aber auch wer dartut, daß Korea keinen wirklichen Machtzuwachs für Japan bedeutet, würde damit noch nicht beweisen, daß Japan unüberlegterweise die ihm auf die Brust gesetzte Faust des russischen Riesen zurückschlug. —

Kwantung

Als Pachtgebiet bis zum Jahr 1997 besitzen die Japaner den von einigen kleinen Inselgruppen umgebenen, ins Gelbe Meer hinausragenden Vorsprung der Liaotunghalbinsel, das 3370 qkm große Kwantung mit dem zweimal in blutigen Kämpfen eroberten Port Arthur (Rionjun) und mit Dairen, dem ehemaligen Dalny. Dairen ist zu einer großen Freihafenstadt von 150 000 Einwohnern geworden mit Gas- und Elektrizitätswerken, Warenhäusern, Schuppen,

Gürtelbahnen und allen erfreulichen und unerfreulichen Erscheinungen einer modernen Welthafenstadt. Außer der Garnison leben in Kwantung neben 600 000 Chinesen und einigen hundert Fremden über 80 000 Japaner. Kwantung ist für Japan von besonderer Wichtigkeit wegen der unmittelbaren Nachbarschaft mit der durch ihre Erze, Kohlen und reichen Bohnenernten begehrenswerten südöstlichen Mandschurei. Das von Rußland an Japan überlassene Eisenbahnnetz von zusammen über 1000 km steht unter der Verwaltung einer großen japanischen Gesellschaft, die längs der Bahnlinie 230 qkm

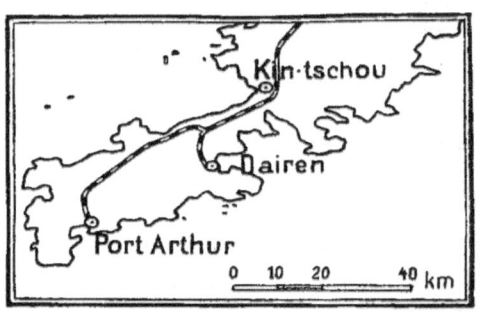

Südspitze von Kwantung

Grund und Boden besitzt und bei ihren großen Bergwerksunternehmungen, Industrie- und Verkehrsanlagen die Regierung beteiligt. Truppen halten die wichtigen Bahnhöfe besetzt und bewachen die Strecken. Ob und wie weit es Japan gelingen wird, diese wichtige Position in dem von verschiedenen Seiten beunruhigten und gärenden Lande zu behaupten, läßt sich vom Studiertische in Europa aus nicht übersehen. —

Formosa oder Taiwan

Die fast 400 km lange, bis über 150 km breite, nicht ganz 36 000 qkm Flächenraum umfassende Insel Formosa wird längs der sandigen Westküste von der Flachsee der Formosastraße, längs der ganz überwiegend felsigen Ostküste vom Großen Ozean bespült. Ein Sinken des Meeres um 100 m würde Formosa in breiter Ausdehnung mit China verknüpfen, den Verlauf der Ostküste auf einer Übersichtskarte kaum merklich verändern. Das weit über die Grenzen der Insel sichtbare, stattliche Hochgebirge der Niitakakette, mehrfach 3000, im Hauptgipfel sogar 4000 m überragend, füllt, abgesehen vom äußersten Norden und Süden, die Osthälfte der Insel aus; die unregelmäßig von Norden nach Süden verlaufende Wasserscheide ist im Durchschnitt von der Ostküste nur halb so weit entfernt als von der Westküste. Das Hochgebirge besteht aus einer Zone kristallinischer Schiefer, nach Westen überlagert und im

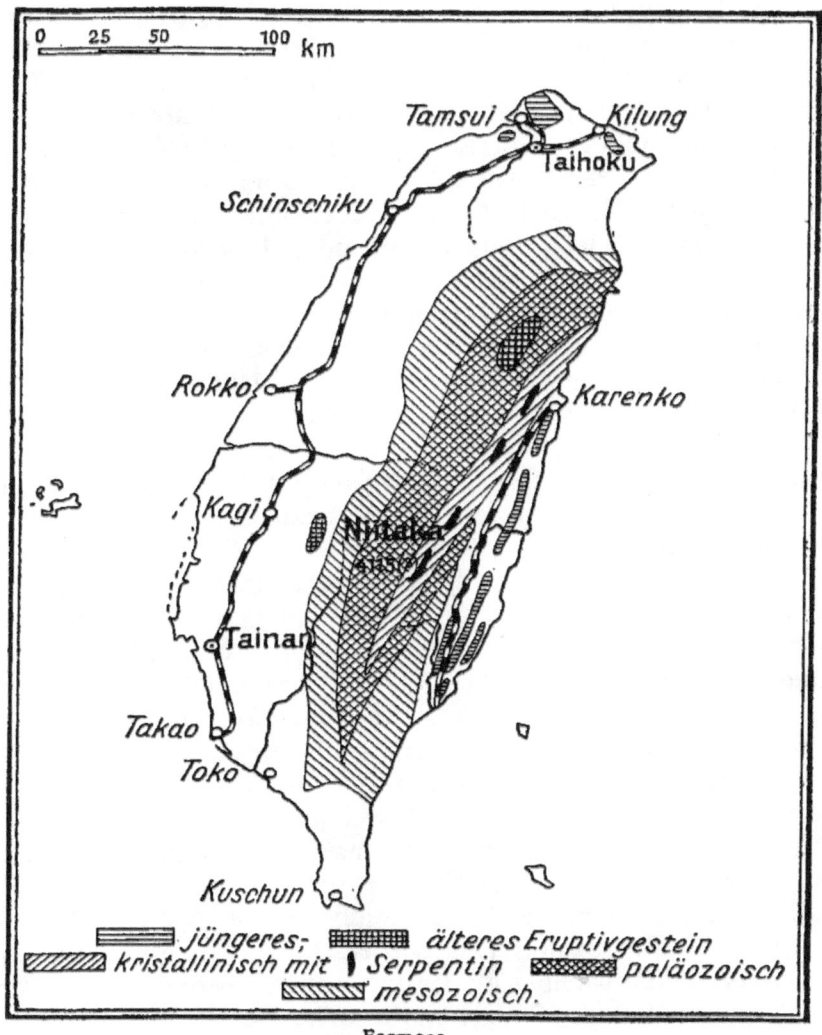

Formosa

Norden und Süden umfaßt von paläozoischen und mesozoischen Schichten, Gesteinsbildungen aus dem Altertum und Mittelalter der Erdgeschichte. Dem Mittelstück des steilen Ostabhanges ist auf 150 km jenseit eines schmalen Längstales, in welches sich drei Flüsse teilen, die jüngere schmale, bis 1550 m hohe Taitokette vorgelagert, verschiedentlich von jüngeren Eruptiv- und Erstarrungsgesteinen durchragt wie die Hauptkette von älteren. Auch der breiten Zone tertiärer und jüngerer Schichten, welche das Hochgebirge Formosas im Westen umlagern in der Gestalt der Sichel des zunehmenden Mondes, entragen vulkanische Bildungen, wie an mehreren Stellen der Nordküste; meist sind sie tertiären Alters wie die einen trefflichen Hafen umschließenden, aus einer größeren und 62 kleineren Basaltinseln bestehenden Pescadoren (zusammen nur 120 qkm), zum Teil erst der neuesten Zeit angehörig. Heiße Quellen sprudeln an verschiedenen Stellen hervor, Beunruhigungen und selbst Heimsuchungen durch Erdbeben sind Formosas Bewohnern bis in die neueste Zeit (z. B. 1907) nicht erspart geblieben, gehobene Korallenriffe am Südkap deuten auf Strandverschiebungen in neuerer Zeit.

Das unter 100 m Meereshöhe gelegene, ein Drittel der Insel umfassende Tiefland von Formosa, in dem alle durch eine Eisenbahn verknüpften größeren Orte liegen, hat Durchschnittstemperaturen, die im Süden über 23 und 24, im Norden über 21° hinausgehen; Juli und August haben fast durchweg Durchschnittstemperaturen von mehr als 27°, aber vom November bis zum April sinkt das Monatsmittel im Norden unter 20, in der Hauptstadt Taihoku im Februar sogar bis auf 14°. Ja, es kommen Fälle vor, wo das Minimumthermometer unter 0° sinkt. Schneefälle im Gebirge bis hinab zu 500, ja zu 300 m Meereshöhe werden bezeugt. Daß die Gipfelriesen der Berge im Schneeschmuck schimmern, ist eine alljährlich wiederkehrende Erscheinung, in die Region des ewigen Schnees aber reicht auch der Niitaka nicht. Von Mitte September bis zum März herrscht der Nordostmonsun, von April bis September der Südwestmonsun. Die Niederschläge sind groß, nur ausnahmsweise fallen weniger als 150 cm, im Nordosten, der mit mehr Regentagen und mehr Gewittern bedacht ist als der Südwesten, werden an der Luvseite der Berghänge von den Regenwinden mehr als 300 cm ausgeschüttet.

Die formosanische Flora weist im Süden nach den Tropen mit Riesenbambus, Zuckerrohr und Papaien (Melonenbäumen), im Norden schon nach Mittelchina. Hier sind den über die ganze Insel verbreiteten Dattel- und Zuckerpalmen, dem berühmten, flüssigen Balsam (Storax) und Blätter für die Seidenraupen liefernden Liquidambar und den Akazien schon Erlen, Eichen und Kiefern beigemischt. Am Gebirge reicht der immergrüne Laubwald mit den eingesprengten silbergrau schimmernden Kronen der Kampferbäume bis hinauf zu 2000 m (Abb. 31 u. 32). Armdicke Lianen, Baumfarne, Bergbananen, Bambusdickichte geben verschiedenen Regionen verschiedenes Gepräge. Eine Zone laubabwerfenden winterkahlen Waldes fehlt, es beginnt bei 2000 m erst horstweise, dann geschlossen die Nadelholzregion. Es sind von dem deutschen Forstmann Amerigo Hofman gemessen worden Zypressen von mehr als 50 m Höhe, 6 m Stammdurchmesser und 280 cbm Holz, das ist das Vierfache stattlicher deutscher Eichen von 30—40 m Höhe und 2 m Durchmesser. Die obere Waldregion endet mit Tannen als den äußersten Vorposten. Bär, Schwein und Hirsch sind die im Waldgebiet erwähnenswerten Vertreter der Tierwelt.

Auf Formosa haben gelegentlich Spanier, Holländer und Franzosen festen Fuß gefaßt oder wenigstens zu fassen versucht, seit dem 17. Jahrhundert haben sich die Chinesen ausgebreitet, die 1895 die Insel an Japan abtraten, aber noch heute mehr als 90% der Bevölkerung bilden. Über die Urbevölkerung Formosas wissen wir nichts. Die „Wilden", die, abgesehen von den chinesierten Pepohwans, kein volles Hunderttausend mehr ausmachen und den Chinesen, vor denen sie aus den westlichen Gefilden zurückwichen, und selbst noch den Japanern zu schaffen machten, sind trotz ihrer verschiedenen Dialekte mit verschiedenen Ausdrücken für Haus, Wasser und Schwein wohl sicher alle malayisch-polynesischen Ursprungs. Ein Einschlag von Negritos und Papuas ist von Warburg aus guten Gründen bezweifelt worden, von A. Wirth behauptet, aber keineswegs bewiesen. Ino Kakyo, der nicht weniger als 4 Hauptgruppen, 8 Stämme und 24 Nebenabteilungen aufstellt, läßt die Frage nach dem Ursprung offen.

Im Jahre 1895 schlug Japan zunächst nicht ohne Härten und Grausamkeiten eine republikanische Revolution der neuen chinesischen Untertanen nieder und schuf bald, trotz mancher unwürdiger Elemente unter seinen Beamten, Ordnung im Lande. Manche Chinesen wanderten aus, Japaner kamen nicht nur als Beamte ins Land, wanderten aber zum Teil bald wieder aus, denn dem japanischen Kleinbauern wird das Leben neben dem Chinesen, besonders dem aus Südchina stammenden Hakka, recht sauer gemacht. Einzelne Dörfer sind von der Regierung im letzten Jahrzehnt angelegt. Kulturarbeit haben die Japaner mit Erfolg verrichtet, das muß betont werden, wenn auch christliche Missionare, unter denen besonders Dr. Mackay aus Canada hervorragte, sich in der Stille nach den Zeiten des letzten chinesischen Gouverneurs zurücksehnen mochten. Die nicht zahlreichen und fast alle mangelhaften Häfen sind ausgebaut, die zu über 100 000 Einwohnern angewachsene Hauptstadt Taihoku und mehrere Mittelstädte, wie Tainan (77 000), Kilung (50 000), Kagi (40 000) usw., sind durch Wasserleitungen, Brunnen, Straßenpflaster und Straßenbahn, Schlachthäuser und Beleuchtung in einen menschenwürdigen Zustand gebracht. Mannigfache Fabriktätigkeit hat sich entwickelt, und die Hauptstadt ist mit den beiden besten Häfen Kilung im Nordosten, Takao im Südwesten und den wichtigeren Siedlungen zwischen ihnen durch mehr als 500 km Staatsbahn verknüpft, an die sich mehr als dreimal so lang weitere Schienengeleise anschließen. Mehrere Hundert Schulen sind gegründet, unter ihnen auch die wichtige Medizinschule zur Förderung der Hygiene einer durch Pest, Kropf und zahlreiche Erblindungen heimgesuchten Bevölkerung.

Vor 25 Jahren galt Formosa vielen Japanern als ein wertloser Zuwachs, heute nicht mehr. An der Einfuhr in Formosa, die 1918 und 1919 auf je 104 und 150 Millionen Yen bewertet wurde, ist Japan mit 70 und 60% vertreten, von der Ausfuhr im Werte von 139 bzw. 158 Millionen Yen (gegen 16 und 34 in den Jahren 1898 und 1908!) gingen nach Japan 76 und 85%. Bei der Einfuhr spielt immer noch das Opium eine große Rolle, zur Ausfuhr gelangen besonders Tee, tertiäre Kohlen, Zucker und Kampfer, der wie Opium, Salz (Abb. 30) und Tabak zu den Regierungsmonopolen gehört.

Im Jahre 1919 beliefen sich die Werte für diese Waren auf 8,2—8 —7,5 und 3 Millionen Yen.

Die Zahl der Japaner im Lande betrug 1920 schon 166 000. Überblickt man, was in Fürsorge für die Häfen und Straßen, für Bewässerungsanlagen und Zuckerindustrie, für Hygiene und Schulwesen geleistet ist, so muß man anerkennen, daß sich die Japaner auf der Insel als Kolonisatoren bewährt haben. —

Die japanischen Südseeinseln

Im Jahre 1895 hatten die Japaner außer der kleinen, einen wichtigen Hafen umfangenden Basaltfelsengruppe der Pescadoren im Westen Formosas auch auf seiner Ostseite im offenen Ozean einige kleine Inseln besetzt, wie das von etwa 1000 Malayen in einigen Dörfern bewohnte Botel Tobago oder Koto, im großen Weltkriege rückten sie als Mandatare der Entente vom Wendekreise bis an den Äquator vor und erhielten den deutschen Kolonialbesitz auf den Marianen, Karolinen und Marschallinseln, zusammen etwa 2500 qkm mit 60—70 000 Einwohnern. Die fast 900 km lange Kette der Marianen besteht, abgesehen von der den Vereinigten Staaten Nordamerikas gehörigen Insel Guam und einigen Klippen, aus siebzehn Inseln vulkanischen Ursprungs, von denen die südlichen teilweise bedeckt und umrahmt sind von gehobenen Korallenriffen. Nur vier Inseln, unter ihnen Saipan, sind größer als 100 qkm, alle 17 zusammen übertreffen mit ihren 626 qkm Guam allein nur um ein geringes. Fast senkrecht zur Marianenkette zieht zwischen dem 5. und 10° n. Br. der Schwarm der Karolinen 3300 km lang in westöstlicher Richtung von den riffumkränzten, 1873 von Semper so anziehend geschilderten Palauinseln bis zu dem mit hübschen Felsbildungen aus dem Waldmantel hervorschauenden Bergkegel von Kusaie. Die Karolinen sind meistens niedrige Koralleninseln, deren Zahl mit 700 zu klein angegeben ist, wenn man jeden von Wind und Brandung auf dem Rücken der Riffe aufgehäuften Korallensandbuckel besonders zählt. Als Riesen und als Bevölkerungszentren ragen aus dem Schwarm der niedrigen Eilande hervor die von den Japanern zum Sitz der Regierung gewählte Hauptinsel der Palaugruppe, das von den Amerikanern als Kabelstation und Stützpunkt für drahtlose Telegraphie benutzte Yap, die etwa 300 qkm große und 872 m hohe Waldgebirgsinsel Ponape und der riffumsäumte vulkanische Felsenarchipel der Truk- oder Rukinseln. An die Karolinen schließen sich nach Osten die Marschallinseln, 32 Atolle, von denen einige, wie das eine Lagune von 58 km Länge und 10—30 km Breite umfangende Jaluit mit dem Hauptorte Jabor an der Südosteinfahrt, aus einem Kranze von 50 Eilanden bestehen.

Alle diese Inseln erfreuen sich eines milden ozeanischen Klimas, wenn auch der Stille Ozean gelegentlich unter dem Einfluß starker Stürme ein seinem Namen wenig entsprechendes Gesicht zeigt. Der Machtzuwachs für Japan ist nicht groß, so willkommen auch den vielen Freunden „pazifischer Fragen" die Ausdehnung über einen weiten Meeresraum gewesen ist und die Anknüpfung weiterer Beziehungen von den neugewonnenen Etappen aus. Der Handel auf den Marianen lag schon vor der Angliederung fast ganz in den Händen der Japaner. Die Ausdehnung der Viehzucht auf den größeren Inselkörpern und der Fischerei und des Trepangfanges wird sich in bescheidenen Grenzen halten; die Förderung der wichtigen Kokospalmenkultur ist sofort in energischer Weise eingeleitet. An Bodenschätzen bietet der Inselschwarm wenig. Wohl kam in den letzten Jahren vor dem Weltkriege von der auf 6, 11 und 18 Millionen Mark gesteigerten Ausfuhr neben der Kopra ein beträchtlicher Anteil auf Phosphate, aber von den größeren Phosphatlagern haben die Japaner nur die auf Angaur in der Palaugruppe erhalten, das wichtige Nauru liegt ein wenig südlich des Äquators und konnte so von den schmunzelnden Engländern als willkommene Beute dem britischen Weltreich angegliedert werden. Die Japanisierung der einheimischen Bevölkerung, die im Laufe der Zeiten spanisches Regiment und deutsche Verwaltung kennengelernt hat, wird sich wahrscheinlich ohne große Schwierigkeiten vollziehen, wenn auch die Verdrängung christlicher Schulen und Missionen verschiedentlich schmerzlich empfunden wird. Die Häuptlinge haben von ihrem Besuch in Japan die lebhafte Vorstellung von der ihnen enthüllten Größe und Macht ihrer neuen Herren mit in ihre heimatlichen, durch lebhaften Schiffsverkehr mit den Haupthäfen des Kaiserreichs verknüpften Inseln gebracht; die von einem Taifun heimgesuchte Bevölkerung der Insel Yap hatte sich der wohlwollenden Fürsorge der Regierung zu erfreuen. Etwa 5000 Japaner leben auf den Inseln, die seit 1918 — vielleicht zur Beruhigung der Amerikaner — unter Zivilverwaltung stehen. Die meisten deutschen Missionare sind weggeschickt, der Gebrauch der deutschen Sprache ist verboten. —

Japaner im Ausland

Etwa eine halbe Million Japaner befinden sich im Auslande, auf Monate, auf Jahre, auf Lebenszeit als Landwirte und Arbeiter, Fischer und Seeleute, Kaufleute und Händler, Privatbeamte und Dienstboten, Freudenmädchen in den Hafenplätzen Asiens, Studierende auf europäischen Hochschulen usw. Dr. Ernst Grünfeld, dem wir eine sehr schätzenswerte Studie über die japanische Auswanderung verdanken (Supplement zu d. Mitt. der deutschen Gesellsch. zur Natur- und Völkerkunde Ostasiens, Bd. XIV. 1913), weist mit Nachdruck darauf hin, es sei nicht leicht, sichere Zahlenwerte zu erhalten. Für das Jahr 1909 z. B. standen ihm zwei amtliche und zwei angeblich amtliche Zusammenstellungen zur Verfügung, die zwischen 256 434 und 420 651 schwankten; er entschied sich für die kleinere der gebotenen Ziffern, die Angabe des Auswärtigen Amtes.

In dem Jahrzehnt, das seit der Veröffentlichung von Grünfelds Untersuchungen verstrich, ist die Zahl der Japanauswanderer noch beträchtlich über die Höchstziffer für 1909 hinausgewachsen. Wieviel Japaner noch in Sibirien leben, läßt sich schwer schätzen, in China sind es 130—140 000, auf den Philippinen und im übrigen Südostasien je 12 000. Auf den Inseln des Großen Ozeans außerhalb der Hoheitsgrenzen des Kaiserreichs leben vielleicht 120 000, davon mehr als 100 000 auf Hawaii, wo man 1886 die ersten japanischen Ankömmlinge als fleißige Arbeiter hoch willkommen hieß. Von hier fanden sie ihren Weg nach Kalifornien, in dem noch heute die Hälfte der 135 000 an Nordamerikas Westküsten tätigen Japaner zu finden ist. In Südamerika, wo im letzten Jahrzehnt besonders São Paulo in Brasilien eine sehr große Anziehungskraft ausgeübt hat, leben im ganzen 45—50 000 Japaner, davon ein Viertel in Peru und Bolivien.

Gering im Verhältnis zu der Zahl der Japaner im Ausland ist die Zahl der Fremden in Japan, selbst wenn man die am stärksten vertretenen Chinesen mitrechnet. Die Zahl der Angelsachsen beträgt mehrere tausend, doch werden sowohl für Nordamerikaner als Briten für das Jahr 1921 geringere Zahlen als für 1920 geboten. Wenn sich für einzelne tüchtige Deutsche auch nach dem Weltkriege, so z. B. für Ingenieure, Chemiker, Forstleute, die Möglichkeit bietet, sich in Japan eine befriedigende Lebensstellung zu schaffen, so wird das Land der aufgehenden Sonne damit wahrlich noch kein Land der Verheißung für heimatmüde, landsuchende Auswandererscharen. Der Japaner hat immer gute Arbeit verlangt und dafür meistens gut bezahlt, und zwar nicht bloß in barem Gelde, sondern oft auch mit der warmen Anhänglichkeit dankbarer Schüler an hervorragende Lehrer. Ein Land, wo dem Fremden die gebratenen Tauben in den Mund fliegen, ist Japan nie gewesen und wird es wohl nie werden.

FÜNFTER ABSCHNITT

Schlußbetrachtung

*

Dem Kaiserreich Japan mit seinen 680000 qkm und 78 Millionen Menschen, von denen 22 auf seine Nebenländer kommen, kann niemand seinen Platz unter den Kulturstaaten und unter den Großmächten der Erde aberkennen. Als Europa das Werk der Selbstvernichtung begann, da hat zwar kein vernünftiger Japaner daran gedacht, daß japanische Regimenter sich mit den schwarzen und weißen Truppen des hirnkranken Frankreich auf den Trümmern des zerstörten Berlins die Hände schütteln sollten, aber jeder war davon durchdrungen, daß „Konjunkturen dazu da sind, um sie auszunützen". Japan hat viel Geld verdient, seine Flotte vergrößert, seine Flagge auf allen Meeren gezeigt und — wie alle seine Verbündeten — genommen, was es bekommen konnte. Freilich, das Ende des Krieges brachte Rückschläge infolge von Überspekulation und minderwertiger Überproduktion und führte zu Enttäuschungen in den Träumen von Vorherrschaft über den Großen Ozean und über Ostasien mit der Vormundschaft von China. Bei dem Zusammenbruch des vom „deutschen Militarismus befreiten Europa" hatten unvergleichlich mehr als die Japaner gewonnen die tüchtigen Geschäftsleute der Vereinigten Staaten von Nordamerika, sonntäglich inbrünstig für den Frieden betend und sechs Tage eifrig Munition liefernd. Wie ein Riese steht die amerikanische Großmacht der ostasiatischen gegenüber in ihrer Finanzkraft, ihren unermeßlichen, vor jedem Angriff gesicherten Bodenschätzen, ihrer dreimal überlegenen, durch Tarife begünstigten Handelsflotte und mit einer Marine, die dank dem Panamakanal schnell auf einem Schauplatz vereinigt werden kann, um der von den antimilitaristischen Yankees beliebten friedlichen Durchdringung kräftigen Nachdruck zu verleihen. Wenn die Vereinigten Staaten nach dem russischen Kriege dafür sorgten, daß Japan keine Kriegsentschädigung erhielt, so haben sie nach dem Abschluß des Weltkrieges die zähen Japaner aus dem heißbegehrten Kiautschou und aus Wladiwostok hinausdrangsaliert und sind eifrig bemüht, China, das sehr wenig Neigung zu haben scheint, sich von den Japanern unter dem Banner „Asien den Asiaten" ins Schlepptau nehmen zu lassen, in dem Bestreben zu unterstützen, sich allmählich wirtschaftlich selbständiger zu machen und sich nicht nur in der Einrichtung von Universitäten, sondern auch in der von Fabriken von den Amerikanern helfen und raten zu lassen.

Wirtschaftsinteressen bestimmen die Politik der Großmächte, für die mehr als je der Vers Schillers gilt: „Denn nur vom Nutzen wird die Welt regiert", trotz gelegentlicher Humanitätsphrasen, wie sie England stets zur Beruhigung wohlmeinender Seelen so trefflich zu formulieren wußte. Dem Worte von Fritz Reuters Bräsig: „Alle wollen sie etwas haben, und keiner will was missen", könnte man für die Monsunländer Asiens vielleicht hinzufügen: „keiner gönnt dem anderen etwas", eine Eigenschaft, die für einen schwächeren Interessenten auch mal von Glück sein kann, z. B. für die Holländer in der Behauptung ihres Kolonialbesitzes. Gereizte Stimmung, wie augenblicklich infolge des neuesten Einwanderungsverbotes der amerikanischen Großmacht, herrschte oft in weiten Kreisen auf beiden Seiten des Ozeans, und sie kann leicht zu einem feindlichen Zusammenstoß führen, aber sie muß das nicht notwendigerweise, wie sich seit 1906 bei mehr als einer Gelegenheit gezeigt hat.

Der Geograph kann die Zukunft nicht nach Raumgesetzen berechnen, die den Vergleich mit denen des großen Kepler zwar herausfordern, aber sehr wenig vertragen; er läuft bei prophetischen Anwandlungen Gefahr, in wogende Nebel der Geosophie zu geraten oder auf die glitzernden Schaumwellen der Geolalie. Verantwortungsvolle Staatsmänner haben dafür im günstigsten Falle ein achselzuckendes Lächeln.

Ohne von den Japanern irgendwelche Sühne oder gar Liebesdienste zu erwarten, kann ein guter Deutscher ihrem Staate wünschen, daß es ihm gelingen möge, sich allen Gewalten zum Trotz zu erhalten, die einzelnen Glieder des Reiches fest zusammenzuschweißen und die wuchernden Keime der Zersetzung auszurotten, die sich in bedenklichen Skandalen, in lallendem Dadaismus und radikalem Anarchismus in den verschiedenen Schichten seiner Bevölkerung zeigen. Es ist nicht Entwicklung, sondern Entartung, wenn Nachkommen der Samurai schnöder betrügerischer Gewinnsucht frönen, wenn Söhne eines durch Beobachtungsgabe und feinen Sinn für die Natur begnadeten Volkes allermodernsten Richtungen folgend und keinen Kult kennend als den des maßlos überschätzten blasierten Ich Stumpfsinn stammeln wie z. B. „Geist ist Mangel, Natur ist Überdruß", wenn sie auf einen Platz auf dem Parnaß Anspruch machen, während sie in eine Nervenheilanstalt gehören. Gewiß ist die Sportpflege anerkennenswert, wenn sie nicht eine durch ein Zuviel von zerstreuenden Eindrücken verflachte Jugend zu äffischen Geschmacksverirrungen führt, wenn im Hintergrunde des Spieles der Gedanke steht, daß es einmal im fürchterlichen Ernst im Dienste des bedrohten Vaterlandes seine hohe Weihe erhalten kann, im Dienste eines Vaterlandes, das jedem japanischen Patrioten das schönste auf der Welt ist, das „Land der Götter", d. h. das Land, das die Geister der Ahnen umschweben.

Die Japaner haben viel von den Deutschen gelernt; sie können uns besonders dankbar sein für die Lehre, die wir ihnen durch den Ausgang des letzten Krieges gegeben haben. Jeder japanische Patriot kann seinen durch Apostel der Vaterlandslosigkeit betörten Landsleuten mit dem Hinweis auf Deutschland zurufen: Seht, wohin ein stolzes Volk gebracht werden kann, wenn es vergißt, daß es im bedrohten Vaterland für jeden nur Pflichten und keine Rechte gibt, wenn in dem Augenblick, wo die blutenden, gelichteten Reihen mutiger Vaterlandsverteidiger sich schweratmend gegen die durch eine kluge Einkreisungspolitik zusammengebrachte Übermacht anstemmen, des Volkes berufene Führer den Halt verlieren und als wimmernde Wilsonwinseler auf den Knien rutschen oder als blindwütige Parteifanatiker ihre kämpfenden Brüder zur Niederlegung der Waffen zwingen, um sich Freiheit grölend die Ketten der Sklaverei von rachgierigen Feinden um den Hals legen zu lassen. —

LITERATUR

Fr. v. Wenckstem, Bibliographie of the Japanese Empire. Bd. 1 1885, Bd. 2 1907. Tokyo, Osaka und Kyoto.

Bernhard Varenius, Descriptio regni Japonici. Amsterdam 1649.

Engelbert Kämpfer, Geschichte und Beschreibung von Japan. Lemgo 1777. 2 Bände.

Ph. Fr. v. Siebold, Nippon. Archiv zur Beschreibung von Japan. 1. Aufl. 1852, 2. Aufl. 1897.

Rein, Japan. 2 Bände, 1881 und 1896; neue Auflage 1905 mit Höhenschichtenkarte von Reintgen.

Ferd. v. Richthofens Tagebuch in Mitt. des Ferd. v. Richthofentages und Abhandl. in Sitzungsberichten der Berliner Akademie der Wissensch. 1900, 1901, 1902 und 1903 über Morphologie Ostasiens und die ostasiatischen Küstenbögen.

Teleki, Atlas zur Geschichte des japanischen Reiches. 1909.

Nachod, Geschichte Japans. Bd. 1. Gotha 1906.

Uyehara, The political development of Japan. 1867—1907.

Unser Vaterland Japan. 1904 herausgegeben von Stead. Ein Quellenbuch, geschrieben von Japanern.

Naozo Yamasaki, Action de la civilisation Européenne sur la vie Japonaise avant l'arrivée du commodore Perry. 1910.

Haas, Geschichte des Christentums in Japan. Tokio 1913/14.

R. Graul, Ostasiatische Kunst und ihr Einfluß in Europa. Teubner, A. N. u. G. Nr. 87. 1906.

K. Rathgen, Die Japaner in der Weltwirtschaft. Teubner, A. N. u. G. 2. Ausg. 1911.

— Staat und Kultur der Japaner. 1907.

Perciwal Lowell, Die Seele des Ostens (übers. von B. Franzos). Jena 1911.

Lafcadio Hearn, Japan ein Deutungsversuch (übers. von B. Franzos). Frankfurt a. M. 1912.

— Das Japanbuch. Auswahl aus seinen Werken. Frankfurt a. M. 1920.

M. v. Brandt, Ostasiatische Fragen. Berlin (Gebr. Paetel) 1897.

K. Haushofer, Dai Nihon. Berlin, Mittler u. Sohn, 1913.
— Das japanische Reich in seiner geographischen Entwicklung. Wien 1921.
— Japan und die Japaner. Teubner 1923.
Fr. Kleemann, Japan, wie es ist. Leipzig, Voigtländer, 1921.
Sapper, Katalog der geschichlichen Vulkanausbrüche. 1917.
— Beiträge zur Geographie der tätigen Vulkane. Zeitschr. für Vulkanologie 1917.
Fr. Doflein, Ostasienfahrt. 1906.
Rupprecht Prinz von Bayern, Reiseerinnerungen aus Ostasien. München 1906.
W. Weston, Mountaneering and Exploration in the Jap. Alps. London, Murray, 1896.
W. Steinitzer, Japanische Bergfahrten. München. Reinhardt. 1918.
Hayata, The vegetation of Mount Fuji. Tokio 1911.
Sigfried Genthe, Korea. Berlin 1905. 22. Aufl. Herausgegeben von G. Wegener.
Norbert Weber, Im Lande der Morgenstille. Freiburg 1914.
Takaki, Die hygienischen Verhältnisse Formosas. Dresden 1911.
Karl Semper, Die Palau-Inseln im Stillen Ozean. Leipzig, Brockhaus 1873.
O. Finsch, Carolinen und Marianen. Hamburg 1900.
J. B. M. MacGrown, Unter den Kopfjägern auf Formosa. Stuttgart 1923.
Alice Schalek, Japan. Das Land des Nebeneinander. Eine Winterreise durch Japan, Korea und die Mandschurei. Mit 2 Karten und 193 eigenen Aufnahmen. Ferdinand Hirt, Breslau, 1925.
Japan Yearbook. Tokyo 1923.
Financial and economical Annual of Japan 1901folg., seit 1903 auch französisch, 1904—1913 auch deutsch.
Annual Report on Reforms and Progress in Chosen 1918—21, vom Governement General. Söul (Keijo) 1921.
Hinweise auf Karten und Zeitschriften finden sich im Text.

NAMEN- UND SACHREGISTER

Abukuma-Gebirge 10.
— -Tal 84.
Ackerland 45. 46.
Agano 19. 82.
Ainu 25. 86. 87. 91.
Akaïschigebirge 12. 76.
Akaschistraße 69.
Akita 85.
Alaïd 90.
Amakusa 61.
Angaur 108.
Aniwabucht 92.
Aomori 85.
Ariga 39.
Asakusa 49.
Asama 63. 83.
Aso 13. 62.
Atsuta 74.
Ausfuhr 59. 60.
Awadschi 44. 69.
Azuma 84.

Baelz 26.
Bambus 50.
Bandaisan 12. 84.
Baumwolle 35.
Beppubai 62.
Besschi 65.
Biwasee 19. 72.
Bonin (Muninto) 81.
v. Brandt 27.
Buddhatempel (Tera) 32.
Bungo 62.

Chuzenji 20.
Christen 42.

Daido 84.
Dairen 101.
Daisen 67.
Desima 75.
Diamantberge 97.
Dogo 67.
Doflein 24. 28. 80.

Echigo-Ölfeld 82.
Einfuhr 59. 60.
Eiszeit 17.
Emischi 31.
Enoura 76.
Erdbeben 14. 15.

Fauna 24 f.
Feldfrüchte 46. 47.
Fischerei 48. 49.
Flora 20 f.
Flüsse 18. 19.
Formosa 102 f.
Fossa magna 10.
Fudschi 10. 23. 76.
Fukui 82.
Fukuoka 62.
Fukuschima 84.
Fukuyama 85.
Fusan 96. 98.
Futago 63.

Genthe 93.
Gifu 75.
Ginseng 98.
Gokinai 70. 73.
Gokoku 70.
Grünfeld 109.
Guam 107.

Hachigo 80.
Hachirogata 20.
Hakka 105.
Hakodate 85. 89.
Hakone 13. 76.
Hakusan 82.
Hamada 67.
Hamamatsu 75.
Hamel Hendrik 96.
Hanaoka 85.
Handelsmarine 58.
Hara 49.
Harimabai 69.
Harunasan 83.
Harunasee 83.
Haushofer, K. 9. 26. 27. 41.
Haustiere 46.
Hearn Lafcadio 27.
Hida 81. 82.
Hidaka 10.
Hikone 72.
Hirosaki 85.
Hiroschima 68. 69.
Hitacki 52. 84.
Hitogoschi 62.
Hizen 62.
Hokkaido 85 f.

Hofmann Amerigo 105.
Hondo (Honschiu) 66—74.
Huntington 29.

Idsu 9. 13. 76.
Idsumo 67.
Ikao 83.
Iki 8.
Ikuno 68.
Inlandsee 8. 66 ff.
Ino Kakyo 105.
Inouye 8. 93.
Ischikari 86. 87.
Ise 75.
Itakami 19.
Ito 39. 40.
Iwanaschiro 20. 84.
Iwatesan 85.
Iwoschima 64.

Jabor 108.
Jalu 93.
Jaluit 108.
Jeddo (Tokio) 36. 38. 79.
Jesso 85 f.

Kagi 106.
Kaimon 61.
Kaitakuschi 87.
Kamaïschi 15.
Kamakura 32. 83.
Kämpfer, E. 36. 42.
Kanazawa 82.
Kaneko, K. 29.
Kanogawa 72.
Kanosan 77.
Karnizawa 83.
Karafuto (Sachalin) 91.
Karolinen 107.
Karten von Japan 109.
Katohira 66.
Ketoi 90.
Kiibucht 69.
Kiihalbinsel 10. 74.
Kilung 106.
Kioto 14. 70. 71.
Kirischima 61.
Kiriu 83.
Kiso 75.
Kiuschiu 61 f.

Namen- und Sachregister

Klima 16 f.
Kobe 68. 73.
Kofu 76. 83.
Kogawara 20. 76. 85.
Kojiki 30.
Korea (Tschosen) 92 f.
Koriyama 84.
Kosaka 85.
Koto 93.
Koto (Botel Tobago) 107.
Kotschi 65.
Kotsuke 83.
Kumagawa 62.
Kumamoto 62.
Kumana 75.
Kunaschiri 90.
Kupfer 52.
Kure 69.
Kurilen 90.
Kurume 62.
Kusaie 107.
Kusatsu 83.
Kuschiro 86. 89.
Kwanto 80. 82.
Kwantung 101 f.

Leuchttürme 58.
Lotsweib 81.
Lowell, P. 28.

Mackay 106.
Maëbaschi 83.
Maidsuru 67.
Marianen 107.
Marschallinseln 107.
Marugame 66.
Masanpo 40.
Maschikayama 86.
Matau 90.
Matsumoto 82.
Matsuschima (bei Sendai) 85.
Matsuschima im Japanischen Meer 94.
Matsuyama 65.
Matsuye 67.
Minamoto 33.
Miura 77.
Miyadsu 67.
Miykoschima 64.
Miynoschita 75.
Miyaschima 69.
Mogami 84.
Moji 62.
Morioka 85.
Müller, M. 87.
Muroran 52. 89.

Muschiri 90.
Mutsubai 85.

Naba 64.
Nachod 43.
Nagaoka 82.
Nagasaki 63.
Nagoya 74.
Nakalagune 67.
Nakasendo 36.
Naktong 93.
Nanao 82.
Nantaisan 84.
Naoyetsu 82.
Naruto 69.
Nasu 84.
Naumann, C. 9. 10.
Nemuro 89. 90.
Neumann, K. 37.
Niigata 82.
Niitaka 102.
Nikko 80. 83.
Nihongi 30.
Noschima 69.
Noto 11. 82.
Numadsu 76.
Nutapkauschpe 86.

Obama 67.
Oita 62.
Okayama 67.
Oki 67.
Okinawa-Seen 64.
Okuma 38.
Ominato 85.
Omine 74.
Omori 14. 45.
Omuda 63.
Omura 60.
Orenge 81. 82.
Ontake 81.
Osaka 73.
Oschima 80.
Osumi 63.
Otaru 89.
Otomari 92.
Otsu 72.
Owaribai 74.
Oyama 76.

Paik-to-san 92. 93. 95.
Palauinseln 107.
Paramuschir 90.
Pepohwan 105.
Perry 37.
Pescadoren 104. 106.
Petroleum 53.

Phyöngyang 93. 94.
Ponape 108.
Port Arthur (Rionjun) 101.
Presse 42.

Quelpart 93. 94. 96.

Rathgen 28. 54.
Regierungsbezirke 44.
Rein 21.
Rettungsboote 58.
Rischiri 86.
v. Richthofen 7. 28. 70. 75. 77.
Riukiu 39. 64.
Rohseide 60.

Sado 82.
Saga 62.
Sagami 76.
Saipan 107.
Sakai 71.
Sakata 84. 85.
Sakura 61. 64.
Sapporo 89.
Sasebo 45. 61.
Satano 63.
Satsuma 62.
Scharlbucht 89.
Schiba 79.
Schidzuoka 75.
Schikoku 64 f.
Schikotan 90.
Schimabara 61.
Schimoda 75.
Schimonoseki 40. 68.
Schinano 19. 82. 83.
Schindschi 67.
Schingu 74.
Schintotempel (Miya) 32.
Schiogawa 84.
Schirane (3 Berge) 12. 76. 83.
Schitabai 74.
Schitsuka 92.
Schlachthäuser 48.
Schodsu 69.
Schulen 41 f.
Schuri 67.
Schwefelinseln 81.
Seen 19. 20.
Seeotter 90.
Seidenkultur 47.
Semper 107.
Sendai 10. 84.
Sieben-Inseln 80.

Songdo 96.
Söul (Keijo) 94. 96 f.
Städtebevölkerung 45.
Staubstürme 17.
Stead 28.
Steinkohlen 53.
Strandverschiebungen 15.
Suiko 31. 32.
Sukegawa 84.
Sumida 19.
Surugabucht 75. 76.

Taidong 95.
Taifun 18.
Taihoku 104.
Taiku 98.
Tainan 106.
Taitokette 104.
Taiwan 102 f.
Takamatsu 165.
Takasaki 83.
Takata 82.
Take 74.
Tanagaschima 64.
Tateyama 82.
Tazawa 20.
Teepflanzungen 35. 47. 48.
Teleki 43.
Tenriu 75.
Tenschio 86.
Toba 74.
Tojasee 13.
Tokaido 36.
Tokio 79 f.
Tokugawa 33.
Tokuschima 65.

Tone 19. 77. 80. 83.
Torischima 81.
Towado 20.
Toyama 82.
Toyohara 92.
Toyohaschi 74. 75.
Trambahnen 57.
Tschemulpo 96. 98.
Tschikugo 62.
Tschinampo 95. 99.
Tschokai 85.
Tsugarustraße 56. 89.
Tsukuba 80.
Tsunami 15.
Tsuruga 67.
Tsuschima 8. 12. 40. 63.
Tumen 93.

Unsan 100.
Unsen 62.
Uraga 77.
Urup 90.
Usuvulkan 13.
Uyeno 75.
Uyeno (in Tokio) 79.

Varenius 41.
Verkehrswege 36.
Volkszahl in Altjapan 34. 43.
— im Hokkaido 87.
— in Korea 98.
— im Kaiserreich 111.
Volksdichte 43. 44.
Vulkanbai 86.
Vulkane 12.

Wakaschima 65.
Wakamatsu (Kiuschiu) 32. 62.
— (Nordhondo) 84.
Warburg 80. 105.
v. Wenckstern 43.
Weston 81.
Wirth, A. 105.
Wönsan(Gensan) 95. 96. 99.

Yakaschima 64.
Yakeyama 82.
Yalu 93.
Yamada 75.
Yamato 71. 74.
Yap 108. 109.
Yarigatake 81.
Yaschiro 69.
Yatsuga 83.
Yatsuschiro 62.
Yawata 45. 52.
Yeyasu 33. 34. 36. 84.
Yemitsu 84.
Yerimo 86.
Yetorofu 90.
Yodogawa 19. 70.
Yokohama 77 f.
Yonesawa 84.
Yoritomo 32.
Yoschino 65.
Younghusband 27.
Yubari 89.
Yugaschima 75.
Yumoto 84.
Yurastraße 69.

Zeitschriften 43.

1. Der Fudschi, aufgenommen von der Eisenbahnbrücke über den gleichnamigen Fluß. (Phot. Alice Schalek.)

2. Tempel in Nara, der einstigen Hauptstadt Altjapans. (Phot. Ernst Baerwald.)

3. Straße in Osaka in grellem Sonnenschein.

4. Nagasaki auf der Insel Kiuschiu, der China am nächsten gelegene Großhafen Japans.

5. Heilige Lampen im Tempel von Nara.

6. Eingang zum Asuwatempel, Nagasaki.

7. Tokios Hauptgeschäftsstraße (Ginza), aufgenommen von einem Turm.
(Phot. Alice Schalek.)

8. Alter Stadtteil in Tokio. Kanal, der die Hauptgeschäftsstraße Tokios kreuzt, aufgenommen von der „Kyobashi" genannten Straßenkreuzung. (Phot. Alice Schalek.)

9. Aufnahme in Tokio nach dem Erdbeben am 1. September 1923.

10. Japanische Dorfstraße (Futami). (Phot. Alice Schalek.)

11. Boot in der Inlandsee. (Phot. Ernst Baerwald.)

12. Inseln in der Inlandsee. (Phot. Ernst Baerwald.)

13. Park in Akita in Nordjapan mit alten Kiefern. (Phot. Ernst Baerwald.)

14. Tempel bei Yamagata (Nordjapan) mit jungen Kryptomerien. (Phot. Ernst Baerwald.)

15. Yokohamas ehemalige Hauptstraße, nach der Göttin „Benten" genannt.
An den Häusern runde, weiße Papierballons mit großen roten Flecken.

16. Offenes Teehaus auf der Insel Enoshima in der Sagamibai.
(Phot. Alice Schalek.)

17. Japanisches Zimmer im Hause des ehemaligen Ministerpräsidenten Grafen Okuma. (Phot. Alice Schalek.)

18. Reklamezug eines Lichtspiel-Theaters in Yokohama. (Phot. Ernst Baerwald.)

19. Frauen beim Ausladen von Schiffen in Tsuchisaki bei Akita (Nordjapan). (Phot. Ernst Baerwald.)

20. Fliegende Papierkarpfen zur Zeit des Knabenfestes in Matsuyama (Schikoku). (Phot. Ernst Baerwald.)

21. Irisfeld bei Yokohama.

22. Japanerinnen bei der Tee-Ernte.

23. Japanischer Korbverkäufer.

24. Japanische Bronzearbeiter.

25. Bewässerung der Reisfelder mit Hilfe eines Tretrades.

26. Der Reis wird zu einer breiigen Masse geschlagen, die dann in einem Ofen gebacken wird.

27. Straßenbild aus Söul (Keijo), der Hauptstadt Koreas.

28. Altkoreanisches Dorf auf der Strecke Söul-Tschemulpo. (Phot. Alice Schalek.)

29. Koreanisches Dorf im Winter. (Phot. Alice Schalek.)

30. Das in Salzfeldern gewonnene Salz wird in Körbe gefüllt und dann als Traglast an Stangen weiter transportiert.

31. Primitive aber bewährte Kampferdestillations- und Kläranlage in Ostformosa.

32. Aus dem Kampferholz wird als Nebenprodukt noch Kampferöl gewonnen.

www.ingramcontent.com/pod-product-compliance
Lightning Source LLC
Chambersburg PA
CBHW021955290426
44108CB00012B/1076